Die löschungspflichtige Eigentümergrundschuld.

Ein Beitrag
zur Auslegung des § 1179 BGB.

von

Dr. P. Siméon,
Kammergerichtsrat.

Berlin 1911.
J. Guttentag, Verlagsbuchhandlung,
G. m. b. H.

Inhalt.

Vorbemerkung.

Die vorliegende kleine Schrift gibt den Inhalt eines Vortrags, den ich im November 1909 in der Juristischen Gesellschaft zu Berlin gehalten habe, nahezu ungeändert wieder. Die Ausführungen knüpfen im wesentlichen an das an, was ich im „Recht und Rechtsgang" (4.) I S. 723 ff. in gedrängter Kürze gesagt habe. Erfahrungen, die ich in der richterlichen Spruchtätigkeit machte, haben mich aber veranlaßt, auch weiter die Aufmerksamkeit auf das eigenartige Gebilde des vorgemerkten Löschungsanspruchs nach § 1179 BGB. zu lenken. Bietet schon die Hypothek und Grundschuld des Eigentümers in der Ausgestaltung, die ihr das BGB. gegeben hat, nicht geringe Schwierigkeiten rechtlicher und noch mehr praktischer Art, so steigern sich diese ganz besonders bei Anwendung der im § 1179 gegebenen Vorschrift, der einzigen Handhabe, die der Gesetzgeber zum Schutze gegen die nachteiligen Folgen gewährt, die sich aus seiner Überspannung des Eigentümergrundpfandrechts ergeben. Die rechtliche Bedeutung des § 1179 ist allerdings bereits in einigen Aufsätzen[1]) und in einer ganzen Reihe von höchstrichterlichen Entscheidungen[2]) behandelt worden. Nach meiner Erfahrung herrschen aber gleichwohl nicht nur in den am Grundstücksverkehr beteiligten Geschäftskreisen, sondern auch bei Juristen diesseit und jenseit der Schranken vielfach noch recht unklare Anschauungen über Inhalt und Tragweite des Löschungsanspruchs, die nicht selten im Streitfalle zu unangenehmen Überraschungen führen. Einige Urteile des Kammergerichts, die ich im Laufe der Erörterungen berühre und die im Anhang teils vollständig, teils im Auszuge mitgeteilt sind, werden dies deutlich machen.

---

[1]) Boß, ZBl. 3 781; Wilhelm ZBl. 5 305; du Chesne BayRPflZ. 1 417; Pitel ZBl. 7 642.

[2]) Vgl. die Zusammenstellung im Reichsgerichtskommentar zu § 1179 Die wichtigsten Entscheidungen werden im Laufe der Erörterung angeführt und besprochen.

1. Um nicht zu weit ausholen zu müssen, setze ich die Theorie des reichsrechtlichen Eigentümergrundpfandrechts als bekannt voraus und gehe auch auf die praktischen Schwierigkeiten, die aus ihm entstehen, nicht weiter ein[1]). Hervorheben muß ich

[1]) Lehrreich in dieser Hinsicht war ein Fall, mit dem sich das Kammergericht noch kürzlich zu beschäftigen hatte (Beschl. vom 3. Oktober 1910 1 X 313/10). Der Gläubiger der dritten Hypothek hatte unter Ausfall dieser Hypothek das belastete Grundstück in der Zwangsversteigerung erstanden. An erster Stelle stand eine in Jahreszahlungen tilgbare Hypothek für ein großes Kreditinstitut. Er wollte die erste Hypothek ablösen und durch eine neue umfassendere Belastung ersetzen. Es ergab sich jedoch, daß durch Jahreszahlungen des Subhastaten 750 M. und durch Jahreszahlungen eines anderen Vorbesitzers X. 400 M. abgezahlt waren. X. hatte beim Verkauf des Grundstücks „seine aus der Zahlung von Tilgungsbeiträgen erworbenen Rechte" an den Subhastaten abgetreten. Um nun zur Löschung dieser beiden die Hypothekenregelung störenden Zwischenposten zu gelangen, benutzte der Ersteher seinen Ausfallanspruch aus der Hypothek Nr. 3 und ließ im Wege des Arrestes die Eigentümergrundschuld des Subhastaten von 750 M., die mit dem Zuschlag Gläubigergrundschuld für diesen geworden war, und die in der Hand des Vorbesitzers entstandene Eigentümergrundschuld von 400 M., die durch Zession des X. auf den Subhastaten übertragen und ebenfalls wieder in seiner Hand Gläubigergrundschuld geworden war, pfänden. Schon die Eintragung des Arrestpfandrechts stieß auf Schwierigkeiten. Der Ersteher hatte schließlich den Brief erlangt, indem er das Kreditinstitut wegen der Hypothek Nr. 1 voll befriedigte. Das Grundbuchamt hielt das aber noch nicht für genügend, weil der Brief nicht vom Arrestschuldner oder wenigstens nicht infolge des Arrestes übergeben sei und weil ferner auch die Zession der 400 M. vom Vorbesitzer X. auf den Subhastaten nicht durch Briefübergabe verwirklicht worden war. Ein weiteres Bedenken wurde daraus hergeleitet, daß der Subhastat nicht als Zwischenerwerber der 400 M. im Grundbuch eingetragen sei. Obwohl die Zession der 400 M. sogar öffentlich beglaubigt war, blieb es zweifelhaft, ob die Legitimation durch Urkundenkette vollständig erbracht werde. Das Amtsgericht zog ferner die Wirksamkeit der Arrestpfändung deshalb in Zweifel, weil sie kein Zahlungsverbot enthalte.

Während alle diese Bedenken bei richtiger Anwendung der Rechtsgrundsätze vielleicht nicht unüberwindlich gewesen wären, scheiterte die Sache endgültig an einem Zustellungsfehler. Der Subhastat war nämlich nach Brasilien verzogen und die Zustellung an ihn nur durch Aufgabe zur Post bewirkt, was nach § 829 Abs. 2 Satz 4 ZPO. zwar für den mit dem Arrestbefehle zu-

jedoch, daß das BGB. abweichend vom früheren preußischen Rechte die Hypothek auch dann dem Eigentümer als Grundschuld zufallen läßt, wenn sie in der Person des Gläubigers nicht zur Entstehung gelangt, sei es weil der Brief vom Eigentümer dem Gläubiger nicht übergeben wird, sei es weil die gesicherte Forderung nicht entsteht, insbesondere die Hypothek nicht mit Valuta belegt wird. Gerade der letzte Fall ist im Rechtsleben außerordentlich häufig. Er kommt fast ausnahmslos bei jedem Baugrundstücke vor, das ein Unternehmer bebaut, weil es üblich ist, das Baugeld in Raten auszuzahlen und weil der auszuzahlende Betrag von dem Fortschreiten des Baues und der dadurch bedingten Werterhöhung des Pfandgrundstücks abhängt. Bei diesem heute praktisch häufigsten Falle der Eigentümerhypothek machen sich auch deren Nachteile am meisten fühlbar. Grundstücke mit Baugeldhypotheken kommen oft zur Zwangsversteigerung und die Eigentümer solcher Grundstücke pflegen meist nicht kapitalkräftig und zahlungsfähig zu sein. Die nachstehenden Hypothekengläuber empfinden es dann drückend, daß ihnen das Recht des Eigentümergläubigers im Wege steht. Die Eigentümergrundschuld geht den hinter ihr eingetragenen Grundstücksbelastungen im Range vor, hindert also die nachstehenden Gläubiger am Vorrücken und gibt dem Grundeigentümer die Befugnis, dadurch, daß er über die Eigentümerpost verfügt, das Grundpfandrecht eines Gläubigers an die Stelle der Eigentümergrundschuld zu setzen. Auch in der Zwangsversteigerung macht es sich geltend, daß die Eigentümergrundschuld ein selbständiges Vermögensrecht in der Hand des Subhastaten bildet. Die Eigentümergrundschuld ist bei der Feststellung des geringsten Gebots zum Nachteile der nachstehenden

sammengefaßten Pfändungsbeschluß genügte, nicht aber für die Zustellung des eigentlichen Arrestbefehls. Die zweiwöchige Vollziehungsfrist war abgelaufen, so daß das Gesuch um Zustellung im Auslande jetzt nicht mehr rechtzeitig gestellt werden konnte.

Bei Grundstücken, die mit amortisablen Hypotheken belastet sind, werden ähnliche Schwierigkeiten regelmäßig auftreten, sofern sie öfter den Besitzer wechseln. Die Eigentümerpost verzettelt sich dann in lauter kleine Beträge, an denen der einzelne Eigentümer kaum Interesse hat, die aber eine Neuregelung des Hypothekenstandes auf das äußerste erschweren. Wir werden aber sehen daß sich mit dinglicher Wirkung Abhilfe dagegen nicht schaffen läßt.

Realgläubiger zu berücksichtigen, macht also auch für den Ersteher das Grundstück entsprechend teuerer. Eine Erhöhung des geringsten Gebots erschwert aber oder verhindert wohl sogar die Durchführung des Versteigerungsverfahrens und damit die Befriedigung der nachstehenden Gläubiger. Steht die Eigentümergrundschuld nicht im geringsten Gebot, so ist sie bar auszuzahlen und der auf sie entfallende Teil des Erlöses dem Subhastaten selbst der Rangordnung entsprechend zuzuteilen, auch wenn infolgedessen nachstehende Gläubiger ganz oder teilweise mit ihren dinglichen Ansprüchen ausfallen. Diese sog. Liquidationsbefugnis des Eigentümerhypothekars wird ja bekanntlich in der Literatur bekämpft, so z. B. von Kindel in seinem Aufsatz in der Festgabe der Juristischen Gesellschaft für Koch (S. 75ff.). Aber die Rechtsprechung, insbesondere die des Reichsgerichts, ist darüber einig, daß die Eigentümergrundschuld in der Zwangsversteigerung wie jedes andere Grundpfandrecht zu behandeln ist und der auf sie zuzuteilende Erlös folglich dem Subhastaten gebührt (RG. **62** 168).

Dieses Recht des Subhastaten auf die Eigentümergrundschuld und auf den für sie zuzuteilenden Erlös hat nun noch eine weitere Folge, und diese wird gerade in dem erwähnten Normalfalle des Baugrundstücks unbequem empfunden. Ist die Eigentümergrundschuld ein Vermögensstück des Grundeigentümers, so gehört sie und der auf sie entfallende Erlös im Konkurse zur Konkursmasse und ist folglich zur Befriedigung der Konkursgläubiger zu verwenden. Außerhalb des Konkurses gehört die Eigentümergrundschuld und der auf sie entfallende Erlös ebenfalls nicht zur Grundstücksmasse, sondern zu demjenigen Vermögen des Grundeigentümers, das dem Zugriff aller seiner persönlichen Gläubiger offen steht. Die Eigentümergrundschuld und ihr Erlös können also von jedem Gläubiger des Grundeigentümers gepfändet werden. Wie die Pfändung auszuführen ist, war bekanntlich lange Zeit streitig und zweifelhaft[1]). Nachdem aber durch mehrere höchstrichterliche Entscheidungen (RG. **55** 378, **56** 184, **59** 313) die Zweifel geklärt worden sind, wird jetzt auch in der Praxis von der Möglichkeit,

[1]) Vgl. Oberneck, Gruch. **50** 551 ff.

die Eigentümergrundschuld und ihren Erlös zu pfänden, reichlich Gebrauch gemacht. In unserem Normalfalle pflegt der zahlungsunfähig gewordene Bauunternehmer neben einer großen Schuldenmasse nur ein einziges Vermögensstück zu besitzen, nämlich eben die Eigentümergrundschuld, die ihm der Gesetzgeber des neuen Rechtes weniger aus volkswirtschaftlichen Gründen als aus solchen theoretischer Folgerichtigkeit zugewendet hat. Um die Pfändung dieses einzigen Vermögensstücks beginnt daher alsbald ein förmlicher Wettlauf unter den persönlichen Gläubigern. Der nachstehende Hypothekengläubiger muß es sich gefallen lassen, daß ihm alle diese persönlichen Pfändungsgläubiger ebenso vorgehen, wie ihm der Eigentümer selbst als Inhaber der Eigentümergrundschuld vorgegangen sein würde. Der nachstehende Grundpfandgläubiger könnte sich freilich selbst an diesem Wettlaufe mit beteiligen und auch seinerseits die Eigentümergrundschuld für sich pfänden. Dabei wird aber vorausgesetzt, daß er nicht nur dinglich, sondern auch persönlich berechtigt und weiter, daß seine Befugnis, den persönlichen Anspruch geltend zu machen, bereits eingetreten ist. Der Gläubiger einer Darlehenshypothek kann also nur pfänden, wenn er das hypothekarisch gesicherte Darlehen rechtzeitig gekündigt und einen vollstreckbaren Titel erlangt hat. Wer nur eine Grundschuld hat, also nur Zahlung aus dem Grundstück verlangen darf, ist von dem Wettlauf der persönlichen Gläubiger ausgeschlossen. Kommt es zum Konkurse, so kann zwar auch der Nachhypothekar (nicht aber der nachstehende Grundschuldgläubiger) am Konkurse teilnehmen und auf grund des persönlichen Schuldverhältnisses seinen eventuellen Ausfallanspruch als Konkursforderung anmelden. Aber er bezieht dann darauf nur die Dividende, die sich bei der konkursmäßigen Verteilung des auf die Eigentümergrundschuld zugeteilten Erlöses und der sonstigen Konkursmasse ergibt. Dagegen würde eine vor dem Konkurse von einem Hypothekengläubiger ausgebrachte Pfändung der Eigentümergrundschuld wohl regelmäßig dem konkursmäßigen Anfechtungsanspruche des Verwalters begegnen.

2. Es fragt sich nun, ob es für den dinglich Berechtigten kein Mittel gibt, um die ihm nachteilige Eigentümergrundschuld, sei es überhaupt, sei es in dem besonders kraß liegenden Falle

der nichtvalutierten Hypothek, auszuschließen. Ein solches Mittel scheint ihm der § 1179 BGB. darzubieten:

„Verpflichtet sich der Eigentümer einem anderen gegenüber, die Hypothek löschen zu lassen, wenn sie sich mit dem Eigentum in einer Person vereinigt, so kann zur Sicherung des Anspruchs auf Löschung eine Vormerkung in das Grundbuch eingetragen werden."

In der Praxis begegnet man vielfach der Anschauung, daß der § 1179 ein Mittel biete, um die Entstehung der Eigentümergrundschuld mit dinglicher Kraft auszuschließen. Das ist aber unrichtig. Mit sachenrechtlicher Wirkung kann die Entstehung einer Eigentümerhypothek nur durch die Satzungen einer landschaftlichen oder ritterschaftlichen Kreditanstalt ausgeschlossen werden. Das ergibt sich aus Art. 107 EG.BGB., wie vom Kammergericht in dem Beschluß KGJ. 20 A 206 näher ausgeführt worden ist. Dagegen kann nicht einmal für altrechtliche Hypotheken durch Landesrecht bestimmt werden, daß die Eigentümergrundschuld ausgeschlossen bleibt. Vielmehr kann nach EG.BGB. Art. 194 das Landesgesetz nur anordnen, daß ein Grundpfandgläubiger, dessen Pfandrecht bei Anlegung des Reichsgrundbuchs schon bestand, die Löschung eines im Range vorgehenden oder gleichstehenden Eigentümerpfandes in gleicher Weise verlangen könne, wie wenn für ihn eine Löschungsvormerkung eingetragen wäre. Preußen hat von dieser Ermächtigung nur in einem äußerst speziellen Falle Gebrauch gemacht, nämlich nur für gewisse vor 1874 bestellte Hypotheken im Bezirke Cassel und auch für diese nur, sofern der Berechtigte durch Ausschlußurteil im Aufgebotsverfahren ausgeschlossen worden ist (PrAG.BGB. Art. 33 § 3 Nr. 3 Abs. 1 Satz 2).

Die Verhandlungen der Komm. II ergeben ganz klar, daß eine Ausschließung der Eigentümergrundschuld mit dinglicher Wirkung nicht zugelassen werden sollte. Man fürchtete, daß der Verkehr sonst über das Rechtsinstitut der Eigentümergrundschuld zur Tagesordnung übergehen, der Gläubiger der nachfolgenden Post regelmäßig den Ausschluß der Eigentümergrundschuld bedingen und die Eigentümergrundschuld so tatsächlich zur Ausnahme werden werde. Man scheute sich, das

Hypothekenrecht noch schwieriger zu gestalten, als schon geschehen, und eine weitere Form von Hypotheken zu schaffen, wodurch die Übersicht sehr erschwert werde. Allerdings wurde von der Komm. II anerkannt, daß es Fälle gebe, in denen das Interesse der Beteiligten es fordere, die Eigentümergrundschuld zu beseitigen und die Nachhypotheken aufrücken zu lassen. Als Beispiel nannte man freilich nicht unseren Normalfall der Baugeldhypothek, sondern dachte an Fälle, wie die, daß die vorstehende Hypothek als Kaufschillingsrest in Raten abgezahlt wird oder daß Erben einem Erbschaftsteilnehmer das Gut unter hypothekarischer Sicherung ihrer Abfindungen überlassen und der Gutsübernehmer die Vorhypotheken allmählich abtragen soll, um die Sicherheit seiner Miterben zu verbessern. Man verwies aber auch in diesen Fällen die Beteiligten auf den Ausweg, durch obligatorische Abrede die Löschungspflicht auszubedingen.

Diese Möglichkeit hätte im Bürgerlichen Gesetzbuch an sich nicht erwähnt zu werden brauchen; sie ist selbstverständlich. Denn anders als im Sachenrecht mit seinen nach Art und Inhalt abgeschlossenen Rechtstypen herrscht im Schuldrechte Vertragsfreiheit. Die Beteiligten können vereinbaren, was sie wollen, solange es nicht gegen ein Verbotsgesetz oder gegen die guten Sitten verstößt. Obligatorische Rechte haben jedoch den Nachteil, daß sie nur gegen den Vertragsgegner verfolgbar sind. Kommt der Gegenstand der Vertragsabrede in fremde Hand, so gibt die obligatorische Abrede dem Berechtigten gegen den neuen Rechtsinhaber keinen Anspruch. Dies verhält sich jedoch anders, wenn der Gegenstand des obligatorischen Anspruchs ein Grundstücksrecht ist und zur Sicherung dieses Anspruchs eine Vormerkung in das Grundbuch eingetragen wurde (BGB. § 883). Dann geht der so gesicherte Anspruch auch gegen den neuen Erwerber dieses Gegenstandes. Der vorgemerkte Anspruch wird gleichsam zur actio in rem scripta.

3. Die Vormerkung ist bereits im allgemeinen Teile des Liegenschaftsrechts geregelt und deshalb scheint eine Vorschrift des Inhalts entbehrlich, daß der auf Löschung der Eigentümergrundschuld gerichtete obligatorische Anspruch durch Eintragung einer Vormerkung gesichert werden könne. Was veranlaßte den

Gesetzgeber dazu, diese scheinbar selbstverständliche Folge eines allgemeinen Satzes noch ausdrücklich zu bestimmen? Diesen Gesetzgeber des Bürgerlichen Gesetzbuchs, der so wortkarg ist, daß er nichts in das Gesetzbuch aufnimmt, was durch Schlußfolgerung aus anderen Vorschriften abgeleitet werden kann, der dem Leser schwierige Rätsel aufgibt, um nur keinen Satz zu viel zu sagen! In der Tat begegnet man oft der Ansicht, es müsse doch wohl mit der Löschungsvormerkung des § 1179 noch seine besondere Bewandtnis haben, da der Gesetzgeber eine selbständige Vorschrift über sie für nötig erachtet habe. Die Komm. II hat sich allerdings die Frage vorgelegt, ob der heutige § 1179 gegenüber der allgemeinen Vorschrift über die Vormerkung nicht entbehrlich sei. Es erschien ihr aber, wie die Protokolle (3, 607) sagen, bedenklich, die Parteien lediglich auf die allgemeine Vorschrift über Vormerkungen zu verweisen, da deren Anwendung nur auf grund einer mindestens recht zweifelhaften theoretischen Auffassung der Eigentümergrundschuld möglich sei.

Dies ist der Anlaß, aus dem die Komm. II den § 1179 aufnahm. Wie aber die eben wiedergegebenen Worte der Protokolle zu verstehen sind und was sich die Komm. II bei ihnen gedacht habe, ist streitig. Hachenburg (Vorträge S. 522) meint, die Kommission habe befürchtet, es könne jemand auf den Gedanken kommen, daß die Eigentümergrundschuld kein „Recht" im Sinne des § 883 sei. Fuchs (Grundbuchrecht I 574) meint, es habe das Bedenken abgeschnitten werden sollen, ob nicht ein nach § 137 unzulässiges Verfügungsverbot vorliege. Dieses Bedenken kann aber gar nicht entstehen, da es sich auch hier nur um eine obligatorische Pflicht handelt Planck sagt dagegen, die Kommission habe es deshalb für bedenklich gehalten, ob ohne ausdrückliche Vorschrift eine Vormerkung für den Löschungsanspruch eingetragen werden dürfe, weil die Hypothek des Eigentümers, bevor sie entstanden sei, also die künftige Eigentümerhypothek nicht wohl als „ein Recht" angesehen werden könne. Der § 883 spricht nur von dem persönlichen Anspruch auf Aufhebung eines „Rechtes" an einem Grundstücke. Hier handelt es sich aber um den obligatorischen Anspruch auf Aufhebung eines Rechtes, das noch nicht vorhanden ist, sondern dem zu seiner Aufhebung Verpflichteten erst künftig zufallen wird. Die „mindestens sehr zweifelhafte theoretische Auffassung über die Natur der Eigentümerhypothek", die die Komm. II im Sinne hatte[1]), ist danach die Ansicht, daß in der Begründung einer Gläubigerhypothek immer zugleich die Bestellung einer Eigentümerhypothek rechtsnotwendig mit enthalten sei, daß also jede Hypothek neben dem Gläubiger zugleich dem Eigentümer zustehe und nur so lange vom Eigentümer nicht geltend gemacht werden könne, als dem das stärkere Recht des Gläubigers entgegenstehe.

Diese von der Kommission mit Recht als sehr zweifelhaft bezeichnete und verworfene Auffassung, die die erst künftige Eigentümergrundschuld gleichwohl als ein schon gegenwärtig vorhandenes Vermögensrecht des Eigentümers behandelt, ist dennoch in der Literatur und Rechtsprechung vertreten worden. Dernburg (b. R. III [4] 726) meinte, die künftige Eigentümergrundschuld stehe bereits jetzt dem Eigentümer als ein neben dem Rechte des Gläubigers einherlaufendes aufschiebend bedingtes Recht zu. Das Kammergericht schloß sich dieser Auffassung an und führte weiter aus, daß der Eigentümer vermöge seiner Eintragung als Grundstückseigentümer auch zugleich als bereits jetzt eingetragener Gläubiger der künftigen Eigentümerhypothek anzusehen sei (Rsp. **14** 124, KGJ. **33** A 272, 280)[2]). Eine Konsequenz dieser Ansicht geht dahin, daß der Eigentümer schon jetzt auch ein bedingtes Eigentum oder Miteigentum am Hypothekenbriefe habe (so noch KG. Rsp. **18** 181). Denn nach § 952 BGB. folgt das Eigentum am Briefe dem Gläubigerrecht an der verbrieften Hypothek. Das Kammergericht hatte auf grund der gekennzeichneten Rechtsauffassung es zugelassen, daß schon bei der künftigen Eigentümerhypothek eine Vormerkung zur Erhaltung des Rechts auf Pfändung oder des Rechts auf Verpfändung oder Abtretung eingetragen werde.

[1]) Wie im Text: RG. **72** 277.

[2]) Jetzt hat das Kammergericht sich der unten dargelegten reichsgerichtlichen Auffassung angeschlossen: Beschl. v. 4. April 1910 1 X 78/10. Eine andere Frage ist, ob bei Verfügungen über die erworbene Eigentümergrundschuld der Eigentümer sich noch als Berechtigter eintragen lassen muß. Der Eigentümer kann als „eingetragener Berechtigter" im Sinne des § 40 GBO. gelten, weil er als Eigentümer eingetragen ist (Güthe, Grundbuchrecht I 770 und Recht **01** 219).

Solche Vormerkung wäre freilich wertvoll für den, der sie erlangt. Denn sie gäbe ihm die Möglichkeit, auf das einzige Vermögensstück des zahlungsunfähigen Eigentümers schon im voraus die Hand zu legen, noch bevor der Wettlauf der Vollstreckungsgläubiger um den Zugriff auf die Eigentümergrundschuld beginnen konnte.

Allein diese Grundauffassung ist unrichtig und abzulehnen. Das Reichsgericht hat sie mit überzeugenden Gründen mißbilligt (RG. **61** 374) und hat diesen seinen Standpunkt auch in der Entscheidung RG. **72** 275 festgehalten. Die künftige Eigentümergrundschuld ist **noch kein gegenwärtiges** Recht, sondern eine bloße Anwartschaft, eine Erwerbsmöglichkeit. Dies auch dann, wenn das Valutaverhältnis sich noch in der Schwebe befindet und darum ungewiß ist, zu welchem Betrage die Hypothek dem Eigentümer verbleiben wird. Der Eigentümer hat auch noch nicht um dieser Anwartschaft willen schon jetzt ein Recht an dem Hypothekenbriefe. Über das Recht am Hypothekenbriefe läßt sich eine andere sehr beachtenswerte Entscheidung aus (RG. **69** 36). Dieses Recht am Briefe darf nicht ausschließlich nach sachenrechtlichen Gesichtspunkten beurteilt werden. Der Brief ist in erster Linie Legitimationsmittel des Gläubigers. Der Eigentümer hat selbst dann noch kein Mitbesitzrecht an dem Briefe, wenn schon tatsächlich die Hypothek zu einem Teile Eigentümerhypothek geworden und auf ihn übergegangen ist. Nur im Rahmen der besonders geordneten Vorlegungspflicht kann alsdann der Eigentümer verlangen, daß der Gläubiger den Brief zur Berichtigung des Grundbuchs dem Grundbuchamt und zwecks Bildung eines Teilbriefs der zuständigen Behörde oder einem Notar vorlege (§ 1145 BGB.). Verfügungen des Eigentümers über die künftige oder die latente Eigentümergrundschuld sind hiernach, wenn es sich um eine Briefhypothek handelt, schon aus dem Grunde ausgeschlossen, weil die zur Vollendung der Verfügung nötige Übergabe des Briefes nicht bewirkt werden kann und weil auch kein Herausgabeanspruch des Eigentümers besteht, durch dessen Abtretung er die Übergabe des Briefes ersetzen könnte.

Das Ergebnis dieser Erörterung ist also: der Eigentümer kann über seine Anwartschaft auf die ihm erst künftig zufallende

Eigentümerhypothek nicht sachenrechtlich wirksam verfügen. Er kann sich nur obligatorisch zu Verfügungen über die ihm künftig zufallende Eigentümergrundschuld, also zu ihrer Abtretung oder Verpfändung verpflichten. Aber er kann den Anspruch auf diese Abtretung oder Verpfändung nicht schon vor dem Erwerbe der Eigentümergrundschuld durch Eintragung einer Vormerkung sichern. Die Vormerkung ist zwar zulässig auch zur Sicherung künftiger oder bedingter Ansprüche. Aber es fehlt hier an einem dinglichen Rechte, bei welchem die Vormerkung eingetragen werden könnte. Der zu sichernde Anspruch bezieht sich auf die bloße Erwerbsmöglichkeit des Eigentümers; die Hypothek des Gläubigers wird dagegen nicht durch sie getroffen. Die Voraussetzungen des § 883 BGB. liegen also nicht vor.[1])

Hier greift nun die Ausnahmevorschrift[2]) des § 1179 ein. Die obligatorische Verpflichtung des Eigentümers zu einer bestimmten Art der Verfügung über die künftige Eigentümergrundschuld kann über den Rahmen des § 883 hinaus dennoch durch Vormerkung gesichert werden. Dies ist die Verpflichtung zur Aufhebung der Eigentümerhypothek. Das BGB. ist hier, abweichend von seiner sonstigen Gewohnheit, sprachlich ungenau. Es spricht von der „Löschungspflicht", also der Pflicht zur formalen grundbuchmäßigen Tilgung der Eigentümerpost. Aber gemeint ist die materiell-rechtlich wirksame Aufgabeerklärung, der „Verzicht" auf die Eigentümergrundschuld. Der Berechtigte hat positiv den Anspruch auf Verzicht, negativ das Recht, dem Eigentümer jede Verfügung außer dem Verzicht zu untersagen[3]).

Obwohl nun hiernach ein obligatorisches Recht auf Abtretung oder Verpfändung der dem Eigentümer künftig zufallenden Eigentümergrundschuld nicht durch Vormerkung gesichert werden kann, führt, wie wir später sehen werden, überraschenderweise der § 1179 dennoch dazu, auf einem Umwege eine gewisse Sicherung auch des Abtretungs- oder Verpfändungsanspruchs zu ermöglichen. Der Berechtigte braucht

[1]) So auch Pitel ZBl. 7 644.

[2]) Vgl. RG. 72 277: „Es handelt sich in der Tat nur um eine vom Gesetz bewußterweise gemachte Ausnahme."

[3]) RG.Urt. v. 22. 9. 09. V 575/08.

nur neben dem obligatorischen Rechte auf Abtretung oder Verpfändung der dem Eigentümer künftig zufallenden Eigentümergrundschuld, außerdem noch sich einen Löschungsanspruch zu bedingen und diesen vormerken zu lassen. Er kann dann im praktischen Erfolge durch die Furcht vor dem Löschungsrecht jeden Dritten vom Erwerbe der Eigentümergrundschuld abschrecken und sie dadurch für sich selbst erhalten.

4. Der § 1179 gestattet also, daß ein persönlicher Anspruch gegen den Grundstückseigentümer, kraft dessen dieser „einem anderen gegenüber" verpflichtet ist, die künftige Eigentümergrundschuld, sobald er sie erwirbt, durch Verzicht aufzuheben, mittelst Eintragung einer Vormerkung gesichert werden kann. Wir haben es hier zu tun mit einem persönlichen Anspruch und mit einer Vormerkung dieses Anspruchs.

a) Der **Begriff der Vormerkung** im Sinne des Reichsrechts und sein Unterschied von dem Vormerkungsbegriffe des preußischen Liegenschaftsrechts kann als bekannt vorausgesetzt werden. Es ist hier nur auf ein in der Zeitschrift für Zivilprozeß (38 419) abgedrucktes Urteil des Kammergerichts zu verweisen[1].

---

[1]) Aus den Gründen: „Das Reichsgericht hat früher unter älterem Rechte einmal ausgesprochen, daß durch die Vormerkung des im Prozesse verfolgten Rechtes das Grundstück zur streitbefangenen Sache werde (RG. **27** 239). Diese Entscheidung beruht auf der besonderen Natur der preußisch-rechtlichen Vormerkung und ist für das geltende Reichsrecht nicht aufrecht zu halten. Die Vormerkung des heutigen Rechtes gibt dem durch die Vormerkung Gesicherten noch kein dingliches Recht (RG. 6. 3. 07 JW. 256). Sie macht nur alle nach ihrer Eintragung getroffenen Verfügungen über das Grundstück, soweit sie den vorgemerkten Anspruch vereiteln oder beeinträchtigen würden, zugunsten des Berechtigten relativ unwirksam (§ 883 BGB.). Es würde also, wenn der Auflassungsanspruch zur Zeit der Veräußerung vorgemerkt war, die Auflassungserklärung des Schuldners, auch wenn er nicht mehr Eigentümer ist, materiell so wirken, wie die eines eingetragenen Eigentümers. Die Vormerkung würde den späteren Erwerber zwingen, der Übereignungserklärung des Schuldners zuzustimmen (§ 888 BGB.). Jedoch stehen dabei dem späteren Erwerber die Einreden des Schuldners aus dem persönlichen Rechtsverhältnisse, auf dem die Vormerkung beruht, selbst dann noch offen, wenn jener bereits rechtskräftig zur Auflassung verurteilt ist (RG. **53** 37). Nach dieser auf materiell-rechtlichen Erwägungen beruhenden Entscheidung, die allerdings die Rechtskraftwirkung des gegen den Schuldner ergangenen Urteils nach § 325 ZPO. nicht weiter erörtert, ist klar, daß der dritte Erwerber dem Vormerkungsgläubiger die dem Schuldner zustehenden Einwendungen auch dann noch entgegensetzen kann, wenn diese Einwendungen dem Schuldner schon in dem

Dort ist unter anderem ausgeführt, das abweichend vom preußischen Recht die Vormerkung dem Anspruch nicht Dinglichkeit verleiht und daher selbst die gerichtliche Geltendmachung des vorgemerkten Anspruchs das Grundstück oder Grundstücksrecht, auf das sich die Vormerkung bezieht, nicht zur res litigiosa macht. Das ergehende Urteil wirkt also nicht gegen den, der das Grundstück oder Grundstücksrecht nach Eintritt der Rechtshängigkeit vom Anspruchschuldner erwarb. Da die Vormerkung noch kein dingliches Recht verleiht, kann sie auch eine dem vorgemerkten Anspruche zuwiderlaufende Verfügung des Anspruchschuldners nicht mit sachenrechtlicher Wirkung verhindern. Die Wirkung der Vormerkung beschränkt sich darauf, daß sie, wie schon oben gesagt, nach Art einer actio in rem scripta den Anspruch des Berechtigten auch auf spätere Erwerber erstreckt und daß sie Verfügungen über den von der Vormerkung betroffenen Gegenstand entgegentritt, soweit diese den vorgemerkten Anspruch vereiteln oder beeinträchtigen würden. Auch solche vormerkungswidrigen Verfügungen sind nicht unwirksam. Der dritte Erwerber, dem die Wirkung der Vormerkung entgegensteht, erwirbt zunächst dennoch das von der Vormerkung betroffene Recht. Er ist aber durch die Vormerkung gezwungen, denjenigen Verfügungen des Anspruchschuldners zuzustimmen, die nötig sind, um den durch die Vormerkung geschützten Anspruch zu verwirklichen. Also um ein Beispiel zu bilden: Der Grundeigentümer hat die löschungspflichtige Eigentümerhypothek zediert. Der vorgemerkte Berechtigte verlangt die Löschung. Der Zessionar hat zwar die Eigentümergrundschuld erworben, ist aber kraft der Vormerkungswirkung verpflichtet, der Löschungsbewilligung seines Zedenten zuzustimmen.

---

gegen diesen ergangenen Urteil abgesprochen sind. Damit ist eine Wirkung des Urteils gegen den Erwerber des mit der Vormerkung belasteten Grundstücks unvereinbar. Der innere Grund, sie zu verneinen, liegt aber in der schon hervorgehobenen Natur der reichsrechtlichen Vormerkung, die abweichend von der Vormerkung des früheren preußischen Rechtes ein dingliches Recht nicht schafft und daher als Vormerkung eines rechtshängigen Anspruchs das Grundstück auch nicht zur streitbefangenen Sache macht. Der Schutz, den die Vormerkung gewährt, liegt sonach nicht mehr auf prozessualem, sondern nur noch auf materiell-rechtlichem Gebiete."

Die Vormerkung kommt also nur dann zur Wirkung, wenn eine *Verfügung* des Anspruchverpflichteten stattgefunden hat und dadurch zur Durchführung des vorgemerkten Anspruchs die Mitwirkung einer dritten Person notwendig geworden ist. Ist das nicht der Fall, stehen also nur die Rechtsbeziehungen unter den *ursprünglich Beteiligten* in Frage, dann kommt es auf die Vormerkung überhaupt nicht an. Wir haben es dann ausschließlich mit dem persönlichen Anspruche des Löschungsberechtigten gegen den Löschungsverpflichteten zu tun und wir bewegen uns dann lediglich auf dem Gebiete des Schuldrechts. Das Rechtsverhältnis unter ihnen ist so zu beurteilen, als ob eine Vormerkung *überhaupt nicht eingetragen* wäre.

b) Dieses *obligatorische Rechtsverhältnis* ist nun zunächst zu betrachten. Das Bürgerliche Gesetzbuch sagt nichts darüber. Der Inhalt der Löschungsabrede kann sehr manigfaltig sein. Sie steht unter dem Prinzip der Vertragsfreiheit (KGJ. 32 A 253, Rsp. **10** 433). Zunächst muß der, der sich verpflichtet, der Eigentümer des belasteten Grundstücks sein und der Erwerb der Eigentümergrundschuld muß für ihn noch im ungewissen liegen. Denn ist er *bereits* selbst Gläubiger der Grundschuld, so liegt der gewöhnliche Fall vor, daß ein Grundstücksgläubiger sich zur Aufgabe eines ihm zustehenden dinglichen Rechtes verpflichtet, und die Vormerkung dieser Verpflichtung folgt nur den allgemeinen Regeln. Die Löschungspflicht kann für einzelne oder für alle Fälle der Eigentümerhypothek gelten. Sie kann sich auch auf den Fall beschränken, der oben als Normalfall bezeichnet worden ist, daß die Hypothek teilweise nicht zur Entstehung kommt, weil das Baugeld nicht voll ausgezahlt wird, insbesondere weil die Geldgeberin vor vollständiger Valutierung aus irgend einem Grunde von dem Darlehensversprechen *zurücktritt*[1]). Die Fassung des § 1179 „wenn die Hypothek sich mit dem Eigentum in einer Person vereinigt", ist also keinesfalls wörtlich auszulegen, die Abrede kann sehr wohl auch einen abweichenden Inhalt haben.

Zu wessen gunsten kann die Löschungsabrede getroffen werden? Auch hier ist keine Beschränkung ersichtlich. *Jede* rechts-

---

[1]) Sie kann sich weiter auch darauf beschränken, daß der Anspruch auf Löschung nur bestehen soll, wenn und soweit der Berechtigte in der Zwangsversteigerung ausfällt (ZBl. 7 893).

fähige Person kann einen Löschungsanspruch erwerben (KGJ. 32 A 215). Das Bürgerliche Gesetzbuch sagt „einem anderen". Hieraus ist von Saar (Recht 1901, 170) der Schluß gezogen, der „andere" könne nicht zugleich der Gläubiger der Hypothek sein, deren künftige Löschung versprochen wird.[1]) Die Rechtsprechung hat dies mit Recht verworfen (RG. 52 8) und heute ist kein Zweifel mehr, daß auch zugunsten des Gläubigers der löschungspflichtigen Post selbst die Löschungspflicht bedungen werden kann. Wiederholt ist in diesem Falle versucht worden, ihm den Einwand der Schikane entgegenzustellen, wenn er seinen Löschungsanspruch geltend machte; der verpflichtete Eigentümer führte aus, dieser Gläubiger habe kein schutzwürdiges Interesse daran, daß die Nachhypothekare aufrücken. Der Schikaneeinwand ist aber vom Reichsgericht mit Recht verworfen worden. Denn als berechtigtes Interesse an der Abrede muß es schon genügen, daß der Gläubiger damit den oft erwähnten Wettlauf der Vollstreckungsgläubiger abschneidet, auch wenn er selbst keinen Zugriff auf die Eigentümergrundschuld beabsichtigt und er sich nur die Unbequemlichkeit ersparen will, so und so oft seinen Brief vorzulegen, damit Teilbriefe über kleine und kleinste Zweighypotheken von Pfändungsgläubigern gebildet werden. Das Reichsgericht hat auch darauf aufmerksam gemacht, daß sich die Resthypothek des Gläubigers vorteilhafter verwerten lasse, wenn die von ihr abgezweigte rangschlechtere Eigentümergrundschuld beseitigt wird. Denn der nachstehende Hypothekar

[1]) Hypothekenbanken machen nicht selten von der Möglichkeit Gebrauch, sich ein Löschungsrecht hinsichtlich der abgezahlten Teile der von ihnen gegebenen Hypotheken zu bedingen. Es ist behauptet worden, daß ihnen durch die Sondervorschrift des § 21 Abs. 2 Hypothekenbankgesetz ein solches Abkommen verboten sei. Diese Vorschrift lautet: „Die Bank darf sich von der Verpflichtung, in Ansehung des amortisierten Betrags, die ihr behufs der Berichtigung des Grundbuchs, der Löschung der Hypothek oder der Herstellung eines Teilhypothekenbriefs nach den Vorschriften des bürgerlichen Rechts obliegenden Handlungen vorzunehmen, im voraus nicht befreien."

Das Hypothekenbankgesetz ist gleichzeitig mit dem Bürgerlichen Gesetzbuch in Kraft getreten (§ 44 daselbst). Es lag kein Grund vor, die ohnehin schon dürftige Handhabe, die § 1179 BGB. bietet, den Hypothekenbanken zu versagen. Der § 21 Absatz 2 will nur für den Fall, daß der Grundeigentümer die Eigentümerpost erlangt und nicht alsbald wieder auf sie verzichten muß, ihm die Wege ebnen, um die Verfügung über die erlangte Eigentümerpost nicht an formellen Hemmnissen scheitern zu lassen (vgl. Oberneck, Gruch. 47 337).

wird eher geneigt sein, diese Restpost zu erwerben, wenn er mit seiner eigenen Hypothek unmittelbar anschließt und die Grundschuld des Eigentümers nicht mehr dazwischen steht.

Die Nachhypothekare sind diejenigen Berechtigten, bei denen der Antrieb, sich das Löschungsrecht auszubedingen, am nächsten liegt.[1]) Sie sichern sich das Aufrücken ihrer eigenen Hypotheken, wenn sie die ihnen vorgehende Eigentümergrundschuld beseitigen können. Aber auch in einem Zeitpunkte, wo ihnen an dem Aufrücken nichts mehr gelegen sein kann, nämlich wenn es sich um ihre Befriedigung wegen des Hypothekenanspruchs handelt und ganz besonders in dem noch zu besprechenden Falle der Zwangsversteigerung, kommt den Nachhypothekaren der Löschungsanspruch zustatten. Sie können ihn dann zum Zwecke ihrer Befriedigung ausüben und insofern stellt sich der zugunsten eines Nachhypothekars bedungene Löschungsanspruch als ein den dinglichen und persönlichen Anspruch des Nachhypothekars verstärkendes Nebenrecht dar. Es spielt etwa dieselbe Rolle, wie ein Pfandrecht, ein Bürgschaftsrecht oder ein zur Verstärkung des Gläubigerrechts fiduziarisch eingeräumtes Recht. Wir können es dem Nießbrauch an die Seite stellen, den der Bauunternehmer unseres Normalfalls so oft seinem Hypothekengläubiger fiduziarisch bestellt, dem Depotwechsel, den er ihm gibt oder den Kauf- und Rückkaufverträgen über Hausgerät und Wirtschaftsinventar, die die Praxis so häufig beschäftigen. Die Frage nun, ob der Löschungsanspruch ausschließlich zur Bestärkung des Hypothekenrechts jenes Nachhypothekars bestellt sei oder ob er von ihm auch zu anderen Zwecken ausgeübt werden dürfe, ist durch Auslegung der zwischem ihm und dem Eigentümer getroffenen obligatorischen Abrede zu lösen. Freilich wird es zuweilen schwer sein den Inhalt dieser Abrede zu ermitteln. Oft findet sich weiter nichts als eine dem Wortlaut des § 1179 entsprechende formale Bewilligung, und die Beteiligten selbst können über den Inhalt und die Tragweite ihrer Abmachung keine Auskunft geben. Denn

[1]) Auch wer eine Hypothek erst erwerben will, kann sich schon im voraus zu deren Bestätigung ein Löschungsrecht bedingen. (Reichel, IheringsJ. 46 129). Kommt die beabsichtigte Beleihung nicht zustande, so ist sein Löschungsrecht erloschen (SeuffA. 60 Nr. 135, S. 250).

sie haben nur die Urkunde unterschrieben, die Bedeutung der ganzen Angelegenheit aber nicht verstanden.

Auch **fremden Personen**, die nicht in bezug auf das Grundstück irgendwie dinglich berechtigt sind, kann der Eigentümer den Löschungsanspruch einräumen (RG. 63 154). Es kann dies zur Verstärkung eines Forderungsrechts geschehen, das hier ein rein persönlicher Anspruch sein würde, z. B. ein gewöhnliches Schuldscheindarlehen. Es könnte aber das Löschungsrecht auch für einen Dritten bedungen werden, der zurzeit noch nicht einmal persönlicher Gläubiger des Grundeigentümers ist und dem außerdem jedes eigene Interesse an dem Aufrücken der Nachhypothekare fehlt, z. B. einem Vertrauensmann, der Pfändungen der Eigentümergrundschuld verhindern soll.

5. Gehen wir nun einen Schritt weiter und unterstellen wir einen **Personenwechsel**. Es kommt dreierlei in Betracht: ein Wechsel des **Hypothekars** durch Verfügung über die löschungspflichtige Eigentümerpost, ein Wechsel des **Vormerkungsgläubigers** durch Verfügung über das Löschungsrecht des Anspruchsberechtigten und ein Wechsel des **Grundeigentümers** durch Verfügung über das Grundstück.

a) Im ersten Falle ist der Eigentümer, welcher die Löschungspflicht übernahm, auch Eigentümer geblieben. Steht nun fest, daß weitere Valuta auf die löschungspflichtige Post nicht mehr gegeben wird und sind z. B. 10 000 M. unvalutiert geblieben, so zu ist diesem Teilbetrage die Hypothek Eigentümergrundschuld geworden oder richtiger geblieben. Der Eigentümer möchte sie zedieren, seine Gläubiger möchten sie pfänden. Der Wettlauf um das einzige Vermögensstück beginnt. Hier zeigt sich nun die Wirkung der Vormerkung. Die löschungspflichtige Eigentümergrundschuld ist um der Vormerkung willen kein taugliches Befriedigungsmittel mehr für die Gläubiger des zur Löschung Verpflichteten. Die löschungspflichtige Eigentümergrundschuld kann zwar zediert, verpfändet und gepfändet werden. Aber sobald der Löschungsberechtigte Löschung verlangt, muß der Zessionar, Pfandgläubiger oder Vollstreckungsgläubiger der Löschungsbewilligung des Eigentümers zustimmen. Wer das voraussieht, wird von vornherein davon abstehen, solches Scheinrecht zu erwerben. Nur für eine Person ist die löschungspflichtige

Post noch ein taugliches Befriedigungsmittel. Das ist der Löschungsberechtigte selbst. Andere hält er durch das Schreckmittel des Löschungsanspruchs vom Zugriff auf die Eigentümergrundschuld fern. Aber wenn er selbst zugreift, die Eigentümergrundschuld pfändet oder vom Eigentümer an sich abtreten läßt, wird er natürlich sein Löschungsrecht nicht ausüben. Und so tritt das ein, was schon berührt wurde: Der vorgemerkte Löschungsanspruch wird auf einem Umwege sogar zu einem Ersatzmittel für die gesetzlich unzulässige Vormerkung des Abtretungs-, Pfändungs- oder Verpfändungsanspruchs in bezug auf eine dem Eigentümer erst künftig zufallende Eigentümergrundschuld. Das Ersatzmittel ist allerdings etwas unvollkommen. Es läßt sich nur im Wege der Vereinbarung des Eigentümers mit dem Gläubiger beschaffen. Denn durch einstweilige Verfügung wird wohl kaum ein Gericht dem Schuldner aufgeben, eine obligatorische Löschungspflicht einzugehen, um dadurch die bevorstehende Pfändung der künftigen Eigentümergrundschuld für die Gläubiger zu sichern. Das Ersatzmittel ist auch insofern unvollkommen, als es die löschungspflichtige Post dem Berechtigten nur solange erhält, als Dritte durch die drohende Löschungspflicht sich von Zugriffsversuchen wirklich abschrecken lassen. Schreitet aber ein Dritter dessen ungeachtet zum Zugriff auf die löschungspflichtige Post, dann kann zwar der Löschungsberechtigte den Zugriff des Dritten vereiteln, aber doch nur, indem er die Löschung durchsetzt. Das Vermögensstück, um das beide streiten, zerplatzt ihnen dann wie eine Seifenblase unter den Händen und es hat keiner von ihnen Vorteil davon. Dies gilt ganz besonders für die Fälle, in denen der Löschungsberechtigte nicht zu den Hypothekengläubigern gehört. Ist er Nachhypothekar, so rückt er infolge Ausübung seines Löschungsrechts immer noch im Range auf. Ist er es nicht, so kann er nur dem Dritten ein Befriedigungsmittel zerstören, ohne es selbst für sich nutzen zu können. Diese Eigenart der Sachlage führt notwendig dazu, daß die beiden Gegner, wenn sie oder ihre Anwälte nicht zu eigensinnig sind, sich vergleichen und die Beute teilen.

b) Zum zweiten fragen wir: kann das Löschungsrecht in andere Hand übergehen? Diese Frage beantwortet sich nach Schuldrecht. Eine Forderung kann auf einen neuen Gläubiger übertragen werden (§ 398 BGB.), es sei denn, daß die Abtretung durch Vereinbarung mit dem Schuldner ausgeschlossen ist oder daß die Leistung an einen anderen als den ursprünglichen Gläubiger nicht ohne Veränderung ihres Inhalts erfolgen kann. Ist das Löschungsrecht nicht mit einer bestimmten Hypothek oder Forderung verknüpft, so wird gegen die selbständige Übertragbarkeit des Löschungsanspruchs nichts einzuwenden sein, wenn nicht die Umstände des Falles erkennen lassen, daß die Übertragbarkeit nicht gewollt war. Ist das Löschungsrecht dagegen zur Verstärkung einer Forderung, insbesondere einer Hypothekenforderung gewährt, so wird es auch nur mit dem Hauptrecht zugleich abgetreten werden dürfen, weil sich sonst der Gegenstand der Leistung ändern würde. Denn das Maß, in welchem der Berechtigte von dem Löschungsanspruche zu seiner Befriedigung Gebrauch machen darf, hängt in diesem Falle von dem Inhalte des Hauptrechts ab. Es bedarf einer besonderen Abtretung des Löschungsanspruchs, wenn das Hauptrecht abgetreten wird, zu dessen Verstärkung er bestimmt ist. Er geht nicht schon von selbst mit über. Der § 401 BGB. bestimmt dies nur von Hypotheken, Pfandrechten und vertraglichen Bürgschaften. Auf andere Nebenrechte ist dieser Grundsatz nicht ohne weiteres auszudehen. In der Literatur ist freilich die Ansicht vertreten worden, es könne das Löschungsrecht in der Art bedungen werden, daß es dem **jeweiligen Gläubiger** der Hypothek zustehe, deren Verstärkung das Löschungsrecht bezweckt. In Elsaß-Lothringen soll es allgemein üblich sein, das Löschungsrecht in dieser Weise zu bedingen (Wilhelm, ZBl. 5 305 ff.). Dagegen bestehen aber erhebliche Bedenken. Die Rechtsfigur eines „subjektiv-dinglichen Forderungsanspruchs" ist dem deutschen Rechte nicht bekannt. Man müßte schon zu der Konstruktion eines Vertrags zugunsten Dritter, und zwar über eine Leistung ad incertam personam greifen. Wenn aber selbst diese Konstruktion annehmbar erscheinen könnte, so bleiben doch die Bedenken bestehen, ob ein Anspruch mit unbestimmtem Gläubiger im Grundbuche vorgemerkt werden darf. Vom Kammergericht liegen zwei Entscheidungen vor, von denen jede eine dieser beiden Ansichten vertritt. In KGJ. 31 A 324 ff. ist ausgeführt, subjektiv-dingliche Vormerkungen gebe es ebensowenig, wie subjektiv-dingliche Löschungsansprüche. Dagegen ist in KGJ. 32 A 213 ausgeführt, daß, wenn der Anspruch zu gunsten einer persona incerta bedungen werden dürfe, er dann auch durch Vormerkung gesichert werden könne. Auch das Reichsgericht hat, freilich nur in beiläufiger Bemerkung, solche Eintragung für statthaft erachtet (RG. 63 157). Man wird sich mit dieser Ansicht auch wenigstens für die löschungspflichtige Buchhypothek abfinden können. Die Ungewißheit des Berechtigten ist hier nicht allzu groß, denn wenn der „jeweilige Hypothekengläubiger" der Löschungsberechtigte sein soll, so gibt bei der Buchhypothek das Grundbuch selbst darüber Auskunft, wer der Hypothekengläubiger und folglich der Löschungsberechtigte ist. Schwieriger wird dies freilich bei Briefhypotheken. Ob es möglich ist, die an den Besitz des Briefes zusammen mit der Urkundenkette geknüpfte Legitimationswirkung auch auf den rein obligatorischen Löschungsanspruch des jeweiligen Gläubigers auszudehnen, scheint in hohem Maße bedenklich. Ich würde es verneinen.

Eine neue Schwierigkeit entsteht, wenn die Hypothek, an deren Gläubigerrecht der Löschungsanspruch geknüpft ist, geteilt wird und an verschiedene Berechtigte übergeht. Soll sich hier der Löschungsanspruch vervielfältigen, so daß ihn jeder Teilgläubiger für sich und nach eigener Entschließung ausüben darf, oder können nur alle Teilgläubiger zur gesamten Hand das Löschungsrecht geltend machen? Nimmt man an, daß besondere Zession erforderlich ist, so würde ich eine Zession des Löschungsrechts an die Teilgläubiger zulassen, aber nur mit der Wirkung, daß sie es beschränkt auf die Interessen ihres Teilanspruchs auszuüben haben.

Bei gesetzlichem Übergang der löschungsberechtigten Post an einen Regreßberechtigten geht das Löschungsrecht nur dann mit über, wenn man es dem jeweiligen Gläubiger zuschreibt, also eine besondere Zession für entbehrlich erachtet.

Wie wirkt es auf den zur Verstärkung einer Nachhypothek eingeräumten Löschungsanspruch, wenn der Löschungsberechtigte mit seiner Hypothek hinter der Hypothek eines Dritten im Range zurücktritt? Geht mit der Rangabtretung auch das Löschungsrecht zugleich auf den Dritten über? Diese Frage sollte eigentlich gar nicht erst aufgeworfen werden. Hält man daran fest, daß das Löschungsrecht nur einen obligatorischen Anspruch gewährt, so steht damit außer Zweifel, daß eine Rangabtretung des löschungsberechtigten Hypothekars nicht die Folge haben kann, daß dessen Löschungsrecht auf den Gläubiger der vortretenden Post mit übergeht. Und dennoch wurde dies in einem landgerichtlichen Urteil angenommen und kurzweg damit begründet, daß die Löschungsvormerkung ja „zur Verbesserung des Rangverhältnisses" bestimmt sei. In diesem Rechtsfalle, der auch sonst sehr lehrreich war[1]), stand zuerst das Baugeld, dann zu zweit das Restkaufgeld des Baustellenverkäufers und zwar dieses mit einem Löschungsanspruche hinsichtlich der Post Nr. 1 eingetragen. Nr. 3, eine Sicherungshypothek des Steinlieferanten, wurde auf grund der Rangabtretung mit dem Vorzugsrecht vor Nr. 2 eingetragen. Nr. 3 hatte auch für sich ein Löschungsrecht verlangt. Ein Rechtsanwalt gab jedoch die Auskunft, daß dies unnötig sei, weil schon die Post Nr. 2 das Löschungsrecht habe. Später kamen dem Gläubiger Nr. 3 Bedenken. Er ließ sich doch noch ein besonderes Löschungsrecht bewilligen, aber die Eintragung der Löschungsvormerkung für ihn scheiterte daran, daß der Brief über die löschungspflichtige Post Nr. 1 nicht vorgelegt wurde. Vom Baugelde (Nr. 1) blieben 25 000 M. unvalutiert. Die so entstandene Eigentümergrundschuld pfändete nun der löschungsberechtigte Gläubiger Nr. 2 wegen seines vollstreckbaren Restkaufgeldes und außerdem wegen einer davon unabhängigen Forderung von 5000 M. Die Post Nr. 3 hatte trotz ihres besseren Ranges das Nachsehen, der auf die Eigentümergrundschuld zugeteilte Erlös mußte dem Gläubiger Nr. 2 zufallen.

Wäre auch das Löschungsrecht des Gläubigers von Nr. 3 vorgemerkt worden, so hätten wir eine Konkurrenz zweier Löschungsvormerkungen gehabt. Ein Rangverhältnis zwischen den beiden vorgemerkten Löschungsansprüchen kann nicht bestehen, weil unter obligatorischen Rechten ein Rangverhältnis begrifflich unmöglich ist. Es kann aber auch unter den beiden Vormerkungen aus dem grundbuchtechnischen Grunde ein Rangverhältnis nicht bestehen, weil, wie wir noch sehen werden, die Vormerkung aus § 1179 in der Veränderungsspalte eingetragen wird und zwischen mehreren Einschreibungen in der

[1]) Vgl. das in Anhang II. abgedruckte Urteil des Kammergerichts.

Veränderungsspalte eine Rangordnung ebenfalls nicht stattfindet. Solange es nun darauf ankommt, daß der Löschungsanspruch durch Durchsetzung der Löschung verwirklicht werde, ist es im Ergebnisse gleich, welcher der beiden Löschungsansprüche dazu benutzt wird, um die Eigentümergrundschuld aus der Welt zu schaffen. Denn wird sie vor Eintritt eines Zwangsversteigerungsverfahrens getilgt, so rückt nicht nur die Hypothek des die Löschung fordernden Berechtigten, sondern es rücken auch die Hypotheken aller Nach- und Zwischenmänner auf. Anders wenn die Löschungsvormerkung im Hinblick auf ihre Nebenwirkung nur dazu benutzt werden soll, die Eigentümergrundschuld dem Zugriff anderer zu entziehen, um sie dem Löschungsberechtigten selbst als Befriedigungsmittel vorzubehalten. Sind zwei verschiedene Löschungsansprüche vorgemerkt, so stehen alsdann zwei Berechtigte mit gleicher Rechtsmacht einander gegenüber. Jeder von ihnen kann nicht nur allen Fremden die Befriedigung aus der Eigentümergrundschuld verleiden, sondern er kann auch den Zugriff des anderen Löschungsberechtigten auf die Eigentümergrundschuld vereiteln. Greift der eine zu, so verlangt der andere Löschung und umgekehrt. Wer die Löschung durchsetzt, erlangt dann freilich auch für sich selbst keine Befriedigung, sondern hat nur die Genugtuung, daß er dem anderen die Befriedigung verdorben habe. Er kann das einzige Vermögensstück des zahlungsunfähigen Eigentümers zum Nachteil des anderen Löschungsberechtigten zerstören, aber nicht es für sich gewinnen. Sind die beiden Löschungsberechtigten klug genug, so werden sie es auch hier vorziehen, sich zu vertragen und sich in die Beute zu teilen.

c) Zum dritten entsteht die Frage: Kann der Löschungsanspruch auch dann noch ausgeübt werden, wenn der Löschungspflichtige das Grundstück veräußert hat? Wir müssen uns daran erinnern, daß es verschiedene Fälle der Eigentümerhypothek gibt, und daß in jedem dieser Fälle besonders zu untersuchen ist, wem die Eigentümerhypothek zufällt. Die Eigentümerhypothek erwirbt derjenige Eigentümer, der zur Zeit ihrer Entstehung Eigentümer ist. Das liegt klar, wenn sie darauf beruht, daß der Gläubiger das Grundstück oder der Eigentümer die Forderung erwirbt. Erlischt die Hypothek in der Hand des Gläubigers, weil die Forderung erlischt, weil das Hypothekenrecht durch Verzicht aufgehoben oder weil es durch Ausschlußurteil ausgeschlossen wird, so steht die Eigentümergrundschuld dem zu, der zur Zeit des Erlöschens Eigentümer ist. Zweifelhafter liegt unser Normalfall, in dem die Eigentümergrundschuld darauf beruht, daß die gesicherte Forderung zum teil nicht entstanden ist und nicht mehr entstehen wird. Handelte es sich um eine Höchstbetragshypothek, die nicht zuerst Eigentümergrundschuld sondern sofort Gläubigerhypothek ist (RG. **51** 115, **61** 37), so würde die nun erst entstehende Eigentümergrundschuld dem zufallen, der zu der Zeit Eigentümer ist, als das Schuldverhältnis in seiner Entwickelung abgeschlossen wurde und es feststand, weitere Valuta werde nicht mehr gegeben werden (unrichtig OLG. Dresden ZBl. 5 719). Handelt es sich aber, wie in der Praxis fast stets, um eine normale Verkehrshypothek, deren Valuta in Raten gegeben wird, so ist Inhaber der Hypothek zunächst der Eigentümer. Die Hypothek entsteht für den Gläubiger nur insoweit, als sie mit Valuta belegt wird. Hier ist folglich Inhaber der Eigentümergrundschuld der, welcher bei der Eintragung der Post Eigentümer war. Die Eigentümergrundschuld ist hier ja nicht erst hinterher „entstanden", sondern die Post ist zu dem nicht belegten Teile von Anfang an Eigentümergrundschuld gewesen und ist es geblieben. Zu welchem Teile sie Eigentümergrundschuld bleiben werde, war nur zunächst ungewiß und ist erst jetzt gewiß geworden, nachdem das Baugeldverhältnis in seiner Entwickelung abgeschlossen und damit festgestellt ist, daß weitere Valuta nicht mehr gegeben werden wird. Der § 1179 trifft seinem Wortlaute nach unseren Normalfall gar nicht einmal. Wir müssen ihn aber ausdehnen und den Worten „sich mit dem Eigentume vereinigt" hinzufügen „oder mit dem Eigentume vereinigt bleibt". Die obligatorische Löschungsabrede in unserem Normalfall wird dahin auszulegen sein, daß das Löschungsrecht erst ausgeübt werden darf, wenn das Baugeldverhältnis in seiner Entwickelung abgeschlossen ist und es außer Zweifel steht, daß eine weitere Valutierung nicht mehr verlangt werden kann. Denn anderenfalls hätte es der Löschungsberechtigte in der Hand, durch Ausübung des Löschungsrechts jederzeit die weitere Hingabe von Baugeld unmöglich zu machen und dadurch die Fortsetzung des Baues zn stören.

Betrachten wir nun die Wirkung des Eigentumswechsels auf den Löschungsanspruch, so ist es zweckmäßig, unseren Normalfall zunächst auszuscheiden und von dem Falle auszugehen, daß erst der neue Eigentümer die Eigentümergrundschuld erwirbt, z. B. durch Erbgang, durch Abzahlung von Teilen des Kapitals oder durch Verzicht des Hypothekengläubigers auf die Hypothek. Hier ist es klar, daß gegen den Schuldner der Löschungsabrede, also gegen den früheren Eigentümer, der Löschungsanspruch nicht geltend gemacht werden kann. Denn die Voraussetzung des § 1179, Vereinigung der Hypothek und des Eigentums in einer Hand, ist bei dem zur Löschung Verpflichteten, dem früheren Eigentümer, nicht eingetreten. Er würde auch gar nicht in der Lage sein, die dem neuen Eigentümer angefallene Post löschen zu lassen, weil er eben nicht mehr der Grundstückseigentümer und auch nicht der Gläubiger ist. Eine Verpflichtung des Inhalts, den Besitznachfolger zur Löschung der etwa diesem anfallenden Eigentümerpost zu veranlassen, wäre ja wohl an sich nach dem Grundsatze der Vertragsfreiheit möglich. Verständigerweise wird sie aber regelmäßig nicht übernommen werden, weil ihre Erfüllung oft nur mit empfindlichen Vermögensopfern möglich sein würde. In der Löschungsabrede, wie sie § 1179 vorsieht, ist eine Verpflichtung so ungewöhnlichen Inhalts jedenfalls nicht enthalten. Würde sie aber ausnahmsweise bedungen, so wäre sie dennoch nicht vormerkungsfähig, da die Ausnahmevorschrift des § 1179 eine Vormerkung nur für die dort bezeichnete Abrede gestattet.

Ist nun aber nicht der neue Eigentümer durch die Vormerkung gezwungen, eine ihm zufallende Eigentümergrundschuld auf Verlangen des Löschungsberechtigten löschen zu lassen? Die Literatur (Fuchs, Predari und Güthe), nimmt es überwiegend an und KGJ. 31 A 324 folgt ihr anscheinend in dieser Annahme, daß die vorgemerkte Löschungspflicht den jeweiligen Eigentümer treffe. Als Begründung findet man eigentlich nur die Erwägung, daß der gesetzgeberische Zweck des Instituts sonst nicht erreicht würde.

Aber einmal fragt es sich sehr, welchen Zweck der Gesetzgeber verfolgte. Wir haben aus der Entstehungsgeschichte gesehen, daß ihm daran lag, eine Ausschaltung der Eigentümergrundschuld durch Parteiabrede möglichst zu erschweren. Und sodann: wenn wir wirklich den Zweck des Gesetzgebers kennen, so ist damit noch lange nicht bewiesen, daß er den vorgestellten Zweck durch seine Regelung auch wirklich erreicht hat. Die Löschungspflicht des jeweiligen Eigentümers ist ein Unding, ein rundes Viereck. Wer sie behauptet, hat sich von der durch das Gesetz verworfenen Vorstellung, daß man die Eigentümergrundschuld dinglich wirksam ausschalten könnte, noch nicht befreit. Im Schuldrecht aber, dessen Bereich der Löschungsanspruch angehört, wie immer wieder zu betonen ist, gibt es keinen Anspruch, der sich gegen den jeweiligen Eigentümer einer Sache richtet. Vorhin hatten wir gegen das Gespenst eines „subjektiv-dinglichen Gläubigerrechts“ zu kämpfen. Hier wird nun gar eine „subjektiv-dingliche Schuldverpflichtung“ behauptet, deren Inhalt auf eine facere, auf eine Verzichtsverfügung, geht. Ein obligatorisches Recht solcher Art gibt es nicht. Hier kommt uns auch kein Vertrag zugunsten Dritter zu Hilfe. Ein facere des jeweiligen Grundeigentümers ist nur als Inhalt einer Reallast denkbar. Um solche kann es sich aber nicht handeln, da diese eine Pflicht zu wiederkehrenden Leistungen voraussetzt. Wir kommen also zu dem Ergebnisse: wenn erst der neue Eigentümer die Eigentümergrundschuld erwirbt, so trifft ihn die Löschungspflicht nicht[1]). Denn obligatorische Verpflichtungen seines Vormannes gelten nicht für ihn. Die im Mietrecht bestehende Ausnahme (nach dem Satze: „Kauf bricht nicht Miete“) läßt sich selbstverständlich auf den Löschungsanspruch nicht erstrecken. Die Löschungspflicht verliert also mit dem Eigentumswechsel ihren Inhalt. Es könnte nur in Frage kommen, ob nicht, wie wir vorhin eine Abtretung des Löschungsanspruchs kennen gelernt haben, so auch durch Schuldübernahme eine vertragliche Übernahme der Löschungspflicht möglich sei. Möglich ist sie, aber im Verkehr ganz ungebräuchlich; der Käufer wird die Übernahme solcher Pflicht seines Verkäufers

---

[1]) Ebenso Pitel ZBl. 7 644.

entschieden ablehnen. Wenn aber selbst die Schuldübernahme erfolgen würde, ändert das wenig. Denn auf Eigentümerhypotheken, die erst der neue Eigentümer in seiner Person erwirbt, bezog sich schon die Löschungspflicht des früheren Eigentümers ihrem Inhalte nach überhaupt nicht. Folglich kann auch der neue Eigentümer durch die Schuldübernahme eine solche Pflicht nicht erlangt haben. Denn durch die Schuldübernahme wird an dem bisherigen Inhalte der übernommenen Schuld nichts geändert. Übernommen wäre nur die Pflicht, eine Eigentümergrundschuld löschen zu lassen, die in der Person des früheren Eigentümers entsteht. Der Fall, daß in der Hand des bisherigen Eigentümers eine künftig entstehende Eigentümergrundschuld und das Eigentum am Grundstück sich vereinigen, kann aber gar nicht mehr vorkommen, da dieser eben aufgehört hat, Eigentümer zu sein.

Kehren wir nun zu unserem Normalfalle zurück. In ihm steht die Eigentümergrundschuld dem früheren Eigentümer zu, und zwar gleichviel, ob es schon beim Eigentumswechsel feststand, daß ein Teil der Baugeldpost unvalutiert bleibe oder ob sich das erst nach dem Eigentumswechsel herausgestellt hat. Die Eigentümergrundschuld steht hier also immer dem früheren Eigentümer zu. Im ersten Falle hätte freilich noch zu seiner Besitzzeit das Löschungsrecht gegen ihn ausgeübt werden können, da das der Hypothek zugrunde liegende Schuldverhältnis bereits vor dem Eigentumswechsel in seiner Entwickelung abgeschlossen war. Es ist nur tatsächlich nicht ausgeübt worden. Im zweiten Falle konnte das Löschungsrecht vor dem Eigentumswechsel nicht ausgeübt werden, weil das Valutaverhältnis bis dahin immer noch in der Entwickelung begriffen war und folglich noch nicht feststand, zu welchem Betrage die Hypothek Eigentümergrundschuld bleiben werde. Kann nun jetzt noch der Löschungsberechtigte seinen Löschungsanspruch ausüben und gegen wen? Gegen den neuen Eigentümer kann er es jedenfalls nicht, einmal nicht aus den schon vorher erörterten Gründen und vor allem deshalb nicht, weil dem neuen Eigentümer die Eigentümerpost gar nicht zugefallen ist. Aber auch gegen den früheren Eigentümer hat er das Löschungsrecht nicht mehr. Denn der Fall, daß in dessen Hand Eigentum und Hypothek vereinigt sind, liegt gar nicht vor; der frühere Eigentümer hat zwar die Grundschuld, aber nicht auch das Grundstück. In der Hand dessen, der nicht Grundstückseigentümer ist, sondern nur früher einmal Grundstückseigentümer war, ist die unvalutierte Post aber gar keine Eigentümergrundschuld; sie ist vielmehr für ihn Gläubigergrundschuld. Auf die Gläubigergrundschuld des früheren Eigentümers bezieht sich aber § 1179 nicht und das Oberste Landesgericht München hat zutreffend entschieden, daß eine auch die Löschung der künftigen Gläubigergrundschuld umfassende Vormerkung nicht eintragungsfähig wäre (KGJ. 25 A 337).

Man wird dem entgegenhalten: die Post ist mangels Valutierung nicht vom eingetragenen Gläubiger erworben, sondern dauernd Eigentümerpost geblieben; sie hat also doch schon dem Löschungsverpflichteten auch zu einer Zeit zugestanden, als er noch Grundeigentümer war. Das ist richtig, und zwar in beiden Fällen, das eine Mal stand es sogar schon vor dem Eigentumswechsel objektiv fest, daß und zu welchem Betrage die Post Eigentümergrundschuld geblieben war; das andere Mal war die Eigentümergrundschuld freilich nur latent vorhanden, weil das Valutaverhältnis noch in der Entwickelung begriffen und es ungewiß war, wie weit Valutierung erfolgen werde. Trotz der abweichenden Ansicht des ObLG. München wäre allerdings eine Auslegung der obligatorischen Löschungsabrede dahin möglich, daß der Verpflichtete auch in diesem Falle die Rechte an der Grundschuld aufgeben, also auf die ihm als Gläubiger anfallende Grundschuld verzichten solle. Nach Lage unserer Gesetzgebung ist es aber unmöglich, im Wege des Verzichts, also auf dem durch § 1179 gewiesenen Wege, die Post aus der Welt zu schaffen. Denn die Hypothek des Bürgerlichen Gesetzbuchs gleicht darin der lernäischen Hydra: schlägt man ihr den Kopf ab, so wächst gleich ein anderer nach. Wird nun wirklich vermöge der soeben unterstellten weiteren Auslegung der Löschungsabrede der frühere Eigentümer gezwungen, auf die ihm angefallene Teilgrundschuld zu verzichten, so erwirbt infolge seines Verzichts jetzt kraft Gesetzesvorschrift der neue Grundeigentümer die löschungspflichtige Post als neue ihm zufallende Eigentümergrundschuld (§ 1168). Dieser von Gesetzes wegen eintretende Erwerb des neuen Eigentümers wird durch die Vormerkung nicht gehindert, da sie die

Entstehung einer Eigentümergrundschuld nicht mit dinglicher Wirkung ausschließt, überdies sich auf Eigentümergrundschulden des neuen Eigentümers gar nicht bezieht. Auch grundbuchrechtlich ist der frühere Eigentümer gar nicht mehr imstande, die Löschung der Post herbeizuführen, denn nach GBO. § 27 bedarf es zu dieser Löschung jetzt der Zustimmung des neuen Eigentümers.

Man wird zunächst einwerfen: diese Zustimmung zur Löschungsbewilligung des früheren Eigentümers zu geben, sei der neue Eigentümer ja infolge der eingetragenen Vormerkung verpflichtet[1]). Diese Meinung ist weit verbreitet. Aber sie ist unrichtig. Denn Gegenstand des vorgemerkten Anspruchs ist nur die Eigentümergrundschuld des Anspruchsverpflichteten, also des früheren Eigentümers. Der neue Eigentümer hat aber nicht diese von der Vormerkung betroffene Post, sondern das Grundstück erworben. Die Vormerkung richtet sich nur gegen nachteilige Verfügungen des Verpflichteten; der neue Eigentümer hat aber die infolge des Verzichts für ihn neu entstandene Eigentümergrundschuld nicht auf grund einer Verfügung, sondern kraft Gesetzes erworben. Es ist nicht die vom Verzichte des Eigentumsvorgängers betroffene Post auf ihn übergegangen, sondern durch Gesetzesvorschrift eine neue Eigentümergrundschuld anstelle der durch Verzicht getilgten Post entstanden.

Anders steht es dann, wenn der frühere Eigentümer mit dem Grundstücke zugleich auch die von ihm erworbene Eigentümergrundschuld auf den neuen Eigentümer übertragen hat. Hier steht außer Zweifel, daß die Vormerkung durchgreift. Denn hier hat der neue Eigentümer die Eigentümergrundschuld durch rechtsgeschäftliche Verfügung seines Vormannes erworben.

6. Der Ersatz, den der Gesetzgeber für die von ihm verworfene dingliche Ausschließung der Eigentümergrundschuld gewährt, ist hiernach recht fragwürdig. Er erinnert einigermaßen an Lichtenbergs berühmtes Messer, dem Klinge und Griff fehlen. Jener Rechtsbehelf wird aber dadurch noch fragwürdiger, daß es in vielen Fällen gar nicht möglich sein wird, die Vormerkung eintragen zu lassen. Fuchs ist der Meinung, die Vor-

[1]) So z. B. Bruck, Eigentümerhypothek S. 246.

merkung gehöre in die Abteilung II des Grundbuchs. Allein mit Unrecht. Denn Gegenstand des vorgemerkten Anspruchs ist nicht das Grundstück, sondern die Anwartschaft auf die dem Verpflichteten künftig zufallende Eigentümergrundschuld. Diese Anwartschaft ist aber nicht gebucht und selbst die Eigentümergrundschuld wird vielleicht nie gebucht werden. Es bleibt daher nur übrig, die Vormerkung bei derjenigen Grundpfandpost einzutragen, aus der jene Eigentümergrundschuld entstehen kann. Nach § 14 Nr. 3 der preußischen Grundbuchverfügung vom 20. November 1899 gehört sie in die Veränderungsspalte der Hypothek. Darüber ist man einig, daß es zur Eintragung der Löschungsvormerkung einer Zustimmung des Hypothekengläubigers der Post, bei der die Löschungspflicht vorgemerkt werden soll, nicht bedarf. Denn das Recht dieses Gläubigers wird von der Löschungspflicht des Grundeigentümers nicht betroffen. Dagegen ist es zur Eintragung der Löschungsvormerkung erforderlich, daß der Brief über diese Post vorgelegt wird (GBO. § 42, KGJ. 21 A 175); die Eintragung der Vormerkung ist auf dem Briefe zu vermerken. Daraus ergibt sich aber, daß der Gläubiger der Post, obwohl er der Eintragung der Vormerkung nicht zuzustimmen braucht, dennoch diese Eintragung **verhindern** kann, indem er nämlich seinen Hypothekenbrief nicht vorlegt. Er ist dazu nicht verpflichtet (KG. 14. Zivils. Rsp. 18 181); diese Entscheidung bekämpft ein Aufsatz von Hirsekorn (DJZ. 08 1024). In der Literatur (Voß, ZBl. 3 786) findet sich freilich auch die Ausführung: weil der § 1179 im BGB. stehe, müsse man dem Gläubiger oder wohl gar dem Besitzer des Briefes die Pflicht auflegen, auf Verlangen jederzeit den Brief an das Grundbuchamt einzusenden. Man denkt dabei an den Landrechtssatz: „Wem das Gesetz ein Recht gibt, dem gibt es auch das Mittel, ohne welches das Recht nicht ausgeübt werden kann" (§ 89 Einl. zum ALR.). Daß auch dieser Satz nicht Verpflichtungen für unbeteiligte Dritte begründete, sei nur nebenher bemerkt. Dem Bürgerlichen Gesetzbuch ist aber ein solcher Satz fremd. Eine Pflicht zur Vorlegung des Briefes besteht nicht. Keiner der gesetzlichen Fälle liegt vor (§§ 896, 810 BGB., § 62 GBO) und aus den sachenrechtlichen Vorschriften über das Eigentum am Briefe läßt sich eine Vorlegungspflicht auch nicht ableiten. Der Zweck des Briefes, dem Gläubiger als Legitimationsmittel zu dienen, geht vor (S. 12).

Hirsekorn macht den Vorschlag, durch formularmäßige Erklärungen in den Schuldurkunden dem Gläubiger die Vorlegungspflicht besonders aufzubürden. Dabei ist aber übersehen, daß die Schuldurkunde regelmäßig nur der Schuldner, nicht der Gläubiger unterschreibt und ferner daß der Gläubiger als der wirtschaftlich Stärkere sich solchen Zusatz verbitten würde. Die Banken, die ihre Formulare selbst entwerfen, werden den Zusatz sicherlich nicht aufnehmen. Denn auch der Gläubiger der löschungspflichtigen Post wird von dem Bestehen der Löschungspflicht unter Umständen berührt. Wenn Streit darüber entsteht, ob ein bestimmter Teil der Post Eigentümergrundschuld geworden, insbesondere ob das Baugeldverhältnis abgeschlossen, der Anspruch des Eigentümers auf weitere Valuta beseitigt und damit die Voraussetzung für den Löschungsanspruch und das Aufrücken des Nachhypothekars eingetreten sei, so kann der Löschungsberechtigte den Berichtigungsanspruch des Eigentümers auf grund einer Abtretung oder Pfändung gegen den Hypothekengläubiger geltend machen und so die eigentlich zwischen ihm und dem Eigentümer zu entscheidende Frage auf dem Rücken des Gläubigers austragen. Solche Verschiebung der Parteirollen kommt in der Praxis sehr oft vor. Denn die Parteien haben die merkwürdige Neigung, sich einen zahlungsfähigen Gegner auszusuchen, und sodann ergibt sich daraus für den Gläubiger noch der Vorteil, daß er eine Person, die sonst Partei wäre, nämlich den Grundeigentümer, als Zeugen auftreten lassen kann. Stellt der Gläubiger diese Erwägungen an, so wird er nicht geneigt sein, die Eintragung der ihm unbequemen Vormerkung dadurch zu ermöglichen, daß er den Brief vorlegt oder sich zu dessen Vorlegung verpflichtet.

7. Ein besonders schwieriges Kapitel betrifft die Wirkung der Löschungsvormerkung in der **Zwangsversteigerung**. Im Konkurs und im Zwangsvollstreckungsverfahren haben die Gestaltungen des materiellen Rechtes ihre Feuerprobe abzulegen. Da zeigt sich nun das merkwürdige Ergebnis, daß die Löschungsvormerkung ganz verschieden wirkt, je nachdem die Löschung schon vor der Zwangsversteigerung durchgesetzt oder der Anspruch aus dem

Löschungsrecht erst im Zwangsversteigerungsverfahren geltend gemacht wird[1]), und auch hier wieder verschieden, je nachdem die löschungspflichtige Eigentümergrundschuld in das geringste Gebot fällt oder nicht. Ist die Löschung schon vor der Zwangsversteigerung erfolgt, so ist die Eigentümergrundschuld beseitigt und kann daher im Versteigerungsverfahren nicht mehr geltend gemacht werden. Durch ihren Wegfall sind aber die Nachhypothekare aufgerückt, und zwar sämtlich, nicht nur die Post des Löschungsberechtigten, sondern auch die Posten aller Nach- und Zwischenmänner. Ein Verteilungsstreit kann aus der nun erledigten Vormerkung nicht mehr entstehen. Erledigt ist übrigens die Vormerkung nur, wenn die entstandene Eigentümergrundschuld gelöscht ist und weitere Eigentümergrundschulden aus der Post nicht mehr entstehen können. Wird nur eine Pfändung und Überweisung der Eigentümergrundschuld für den Löschungsberechtigten eingetragen, so ist damit die Vormerkung noch nicht erschöpft. Denn die Möglichkeit, daß entweder der überwiesene oder aber auch ein anderer Betrag der löschungspflichtigen Post in Zukunft noch einmal Eigentümergrundschuld werden könne, besteht dann immer noch fort. In dem Falle, den das im Anhang II abgedruckte Urteil behandelt, hatte zu Unrecht das Grundbuchamt bei Eintragung der Pfändung auch die Löschungsvormerkung, und zwar sogar von Amts wegen gelöscht.

a) Im Zwangsversteigerungsverfahren erlöschen mit dem Zuschlage die eingetragenen Hypotheken und Grundschulden, soweit sie nicht nach den Versteigerungsbedingungen bestehen bleiben, und es tritt an ihre Stelle ein Anspruch auf ranggemäße Befriedigung aus dem Versteigerungserlöse. Dieses Zahlungsrecht, in das eine Hypothek durch den Zuschlag sich auflöst, hat nicht in allen Stücken die Rechtsnatur der erloschenen Hypothek. Insbesondere sollen die Vorschriften über Eigentümerhypothek auf dieses Zahlungsrecht nicht schlechthin Anwendung finden (RG. **55**, 264; **60**, 253). Daraus hat das Reichsgericht in der vielbesprochenen, aber auch viel mißverstandenen[2]) Entscheidung Band 60 Seite 251

---

[1]) Kretzschmar, Sachenrecht S. 576, ZBl. 7 806 ff. regt an, ob nicht der löschungsberechtigte Hypothekengläubiger sich stets damit begnügen müsse, daß ihm der Vorrang vor der Eigentümergrundschuld eingeräumt werde.

[2]) Vgl. hierzu einen in Kürze erscheinenden Aufsatz von Strohal.

die Folge gezogen, daß ein Verzicht des Gläubigers auf einen Teil dieses Zahlungsrechts, das bei dem Zuschlage durch Umwandelung einer Grundschuld entstanden ist, nicht bewirke, daß der vom Gläubiger preisgegebene Teil des Zahlungsanspruchs nach Art einer Eigentümergrundschuld dem Grundeigentümer anheimfällt. Es würde also in dem vom Reichsgericht entschiedenen Falle zur Ausübung eines etwa inbetreff der Grundschuld bedungenen Löschungsrechts deshalb kein Raum gewesen sein, weil nach Ansicht des RG. dem Eigentümer nichts zugefallen war. Dagegen steht jetzt außer Zweifel, daß das Löschungsrecht nicht dadurch hinfällig wird, daß die löschungspflichtige Eigentümergrundschuld, nachdem sie als solche vom Eigentümer erworben war, sich durch den Zuschlag in einen Zahlungsanspruch gegenüber dem Grundstückserlös umwandelt. Das Gegenteil lehrt zwar du Chesne (BayrRpflZ. 1 417). Allein sowohl das Oberlandesgericht Dresden als das Reichsgericht nehmen mit Recht an, daß das Löschungsrecht auch nach dem Zuschlage, insbesonders auch bei der Verteilung des Erlöses, noch geltend gemacht werden kann (OLG. Dresden ZBl. 5 185; Seuff. A. 60 Nr. 12, 135, 136; RG. 63 153). Da eine Löschung des schon erloschenen Rechtes nicht erfolgen kann, führt es jetzt dahin, das der Eigentümer gehindert wird, sich für die löschungspflichtige Post Befriedigung aus dem Erlöse zu verschaffen. Er darf mit der löschungspflichtigen Post nicht am Verteilungsverfahren teilnehmen. Vielmehr ist der sonst auf die Eigentümergrundschuld entfallende Erlösteil anderweitig zu verteilen und daher im Rahmen des Teilungsplans dem Löschungsberechtigten zu überlassen. Dies aber freilich nur mit einer bedeutsamen Einschränkung und in dieser prägt sich die Besonderheit aus, die der Löschungsvormerkung im Zwangversteigerungsverfahren zukommt: Der Subhastat braucht den auf die Eigentümergrundschuld entfallenden Erlösteil nur insoweit preiszugeben, als dies zum Zwecke der Befriedigung des Löschungsberechtigten erforderlich ist. Dabei ist nun zu unterscheiden, ob der Löschungsanspruch nur zur Verstärkung einer bestimmten Hypothek gewährt ist oder ob er darüber hinausreicht und ohne gegenständliche Beschränkung eingeräumt ist. Nur soweit das rechtliche Interesse des Löschungsberechtigten reicht, darf der Löschungsanspruch im Zwangsversteigerungsverfahren ausgeübt werden. Ist der Löschungsanspruch zur Verstärkung einer Hypothek eingeräumt, so erschöpft sich das rechtliche Interesse des Berechtigten in der Befriedigung wegen dieser Hypothek[1]). Kommt also die Post, zu deren gunsten die Löschungsberechtigung bedungen ist, voll zur Hebung[2]), so ist der Eigentümer zur Preisgabe des auf die Eigentümergrundschuld entfallenden Erlöses nicht verpflichtet. Folglich fällt dann der auf die Eigentümergrundschuld zugeteilte Erlös ganz dem Subhastaten oder dessen Vollstreckungsgläubigern anheim und die hinter dem Löschungsberechtigten stehenden Hypothekare gehen leer aus. Dagegen würden diese Nachhypothekare ganz oder teilweise zur Hebung kommen und der jetzt dem Subhastaten zufallende Erlösteil würde, soweit er nicht dem Löschungsberechtigten gebührt, ihnen zuzuteilen sein, wenn der Löschungsberechtigte sein Löschungsrecht schon vor der Zwangsversteigerung ausgeübt, oder die Bewilligung der Löschung spätestens noch im Versteigerungstermin durchgesetzt hätte. Ob und wann er sein Löschungsrecht ausüben will, steht aber lediglich im Ermessen des Löschungsberechtigten; die Nachhypothekare und Zwischenberechtigten, deren Schicksal von diesem Ermessen abhängt, haben selbst darauf gar keinen Einfluß. Ihnen steht ein Recht auf Löschung nicht zu und sie können auch nicht verlangen, daß ihr Vormann ein diesem zustehendes obligatorisches Recht ausübe, nur weil das mittelbar auch ihnen Vorteil bringen würde.

b) Eigentümlich ist die Stellung des Zwischenberechtigten, dem eine Hypothek zusteht, die der Eigentümergrundschuld im Range nachfolgt, der Hypothek des Löschungsberechtigten aber im Range vorgeht. Hier ist bei Aufstellung des Teilungsplans immer erst zu untersuchen, ob bei Preisgabe des auf die Eigentümergrundschuld entfallenden Erlöses nicht nur die Zwischen-

---

[1]) Vgl. RG. **63** 163. In diesem Falle hatte X. die Hypothek mit dem Löschungsrecht durch Zession erworben. Außerdem hatte er noch weitere Nachhypotheken, die bei voller Streichung der Eigentümergrundschuld gedeckt wären. Diese fielen jetzt aus, da für sie das Löschungsrecht nicht gewährt war.

[2]) Über den Fall, daß der bar zugeteilte Erlös vom Ersteher nicht gezahlt und folglich eine Sicherungshypothek aus § 128 ZVG. eingetragen wird, siehe OLG. Dresden in SeuffA. 60 Nr. 136. Das Löschungsrecht bleibt alsdann bestehen.

post voll gedeckt wird, sondern auch noch auf die Post des Löschungsberechtigten etwas zuzuteilen bleibt. Ist das der Fall, so kommt der Zwischenberechtigte voll zur Hebung. Reicht dagegen der auf die Eigentümergrundschuld entfallende Betrag nicht aus, um außer dem Zwischenberechtigten auch dem Löschungsberechtigten etwas zuzuteilen, so darf dieser mangels rechtlichen Interesses sein Löschungsrecht nicht ausüben und die Folge ist, daß auch der Zwischenberechtigte nun ganz leer ausgeht[1]).

c) Als Befriedigung des Hypothekengläubigers aus dem Grundstücke wirkt nach ZVG. § 91 auch eine Vereinbarung mit dem Ersteher, daß eine durch den Zuschlag erloschene und aus dem Erlöse bar zu zahlende Post dennoch bestehen bleiben soll. Die so geschaffene Hypothek stellt sich zwar grundbuchlich als Fortsetzung der bisherigen bereits eingetragenen Hypothek dar, materiellrechtlich muß sie aber als eine mit dem Inhalt und Range der bisherigen Grundpfandpost nach der Versteigerung neu bestellte Hypothek behandelt werden. Daraus folgt, daß der zugunsten der bisherigen Hypothek bedungene Löschungsanspruch untergegangen ist; er ist durch die als Befriedigung geltende Vereinbarung, daß die Post bestehen bleibe, erledigt. Der Gläubiger der kraft Vereinbarung mit dem Ersteher bestehen bleibenden Post hat nur Anspruch auf den Rang, mit dem diese Post im Grundbuch eingetragen war. Er hat kein Recht darauf, um den Betrag der vorstehenden Eigentümergrundschuld aufzurücken, selbst wenn vor der Versteigerung mit dem Hypothekenrechte der Anspruch auf Löschung dieser Eigentümergrundschuld verbunden war. Es ist dies eine Folge aus dem Satze, daß der Löschungsanspruch nur insoweit ausgeübt werden darf, als es zur Befriedigung des Berechtigten erforderlich ist.

d) Die Löschungspflicht kann aber auch ohne Beziehung auf eine nachstehende Post übernommen sein oder sie kann, selbst wenn dies der Fall ist, nach dem Vertragswillen der Beteiligten eine über den ersten Zweck, eine solche Grundpfandpost zu sichern, hinausreichende Bedeutung haben. Der Vertragswille ist dabei durch Auslegung, nötigenfalls auf grund einer Be-

---

[1]) Kretzschmar ZBl. 7 S. 806, OLG. Dresden SächsOLG. 26 377.

weisaufnahme zu ermitteln (RG. 63 156). Das Reichsgericht weist aber schon in der angeführten Entscheidung darauf hin, daß es nicht auf den Vertragswillen allein ankommt, sondern auch auf die Fassung der Vormerkung. Deckt sich diese in ihrer Tragweite nicht mit dem durch Willensauslegung ermittelten Vertragswillen der durch die Vormerkung gesicherten Abrede, so wird dennoch Dritten gegenüber die Wirkung des Löschungsanspruchs nicht über den Inhalt der eingetragenen Vormerkung hinaus erstreckt werden dürfen[1]). Stehen sich noch die ursprünglichen Vertragsteile gegenüber, so ist jedoch eine solche Abweichung des Eintragungsvermerkes von dem Vertragswillen unnachteilig. In der Zwangsversteigerung fällt nun, wenn sich die Löschungspflicht nicht auf die Sicherung einer bestimmten Hypothekenpost beschränkt, sondern weitergehende Bedeutung beanspruchen darf, auch jene oben dargelegte Beschränkung auf den Befriedigungszweck fort. Der Löschungsberechtigte kann also auch nach dem Zuschlage ohne jede Einschränkung verlangen, daß der Eigentümer die ihm zugeteilte Hebung preisgebe. Er erzielt freilich damit weiter nichts, als daß statt des Eigentümers nun die erstausfallenden Hypothekengläubiger zum Zuge kommen. Denn der Löschungsanspruch als solcher gibt ihm noch kein Recht, zu verlangen, daß die dem Eigentümer zugeteilte Hebung an ihn, den Löschungsberechtigten, gezahlt werde. Ein solches Recht hätte er aber, wenn er entweder noch vor dem Zuschlage die Eigentümerpost oder nach dem Zuschlage die dem Eigentümer zufallende Hebung hätte für sich pfänden lassen. Denn auch hier gilt die Folgerung, daß der Berechtigte zwar jeden Dritten von Verfügungen und Zwangsvollstreckungshandlungen hinsichtlich der Eigentümerpost abschrecken kann, daß ihm selbst aber der Zugriff freisteht, da er natürlich gegen sich selbst von dem Löschungsanspruch und der Vormerkung keinen Gebrauch machen wird.

---

[1]) Nicht zutreffend erscheint es, wenn das Reichsgericht weiter untersucht, ob der Berechtigte, der den Löschungsanspruch durch Zession erworben hatte, vermöge seines guten Glaubens weitere Rechte erlangt habe, als der Vormerkung nach dem Vertragsinhalt zugrunde lagen. Denn die Vormerkung nimmt am öffentlichen Glauben des Grundbuchs nicht teil, da § 892 auf sie nicht paßt.

Fehlt dem Löschungsberechtigten das eigene Interesse an der Geltendmachung des Anspruchs und ist dieser nicht auf einen bestimmten Befriedigungszweck beschränkt, so entsteht der unerwünschte Zustand, daß er es ganz in seiner Hand hat, zu bestimmen, ob die auf die Eigentümerpost zugeteilte Hebung dem Eigentümer verbleiben oder aber den erstausfallenden Gläubigern zugewendet werden soll. Wie er diese Macht ausüben will, steht in seinem freien Belieben. Es kann nicht verhindert werden, daß er sich seine Entschließung geradezu abkaufen läßt und sich zu dessen gunsten entscheidet, der ihm die meisten Vorteile verspricht oder gewährt. Auch mit der Möglichkeit ist zu rechnen, daß ein solcher Löschungsberechtigter ohne eigenes Interesse die Löschungsvormerkung als Handhabe benutzt, um Vollstreckungsgläubiger vom Zugriff auf die dem Eigentümer zukommende Hebung abzuschrecken, nur um diese so für den Subhastaten zu erhalten, ähnlich wie wohl ein Nießbraucher mitunter seine Aufgabe nur darin findet, Pfändungen der Mieten zu verhindern, um diese Mieten dem Eigentümer zu erhalten. Auch hier zeigt sich aber wieder die Eigenart der Löschungsvormerkung darin, daß diese ihre Nebenwirkung nur so lange dauert, als nicht wirklich ein Gläubiger die dem Eigentümer zugeteilte Hebung pfändet. Der Löschungsberechtigte kann nicht diese Pfändung beseitigen, sondern nur das Anrecht des Eigentümers zerstören. Macht er den Anspruch geltend, so erhält freilich der Pfändungsgläubiger nichts, aber auch weder er noch der Eigentümer hat einen Vorteil. Vielmehr gelangt der freiwerdende Erlösteil an die sonst ausfallenden Grundstücksgläubiger.

Aus ZVG. §§ 119, 120 in Verbindung mit § 48 ergibt sich, daß der Verteilungsplan den Fall berücksichtigen muß, daß das Löschungsrecht noch künftig ausgeübt werde[1]). Der auf die Eigentümergrundschuld zugeteilte Erlös ist für diesen Fall anderweitig zu verteilen.

e) Wie steht es mit der Berechnung des geringsten Gebots, wenn dem Rechte des betreibenden Gläubigers eine löschungspflichtige Eigentümergrundschuld vorgeht? Hat der Löschungsberechtigte die Löschung bereits vor der Versteigerung durchgesetzt, so kann die Eigentümergrundschuld nicht mehr im ge-

[1]) OLG. Dresden SeuffA. 60 Nr. 12.

ringsten Gebote berücksichtigt werden, weil sie nicht mehr vorhanden ist. Das geringste Gebot stellt sich also dann entsprechend niedriger und es ist entweder das Grundstück für den Ersteher entsprechend billiger zu erwerben oder es bleibt ein entsprechend höherer Erlös für die Nachhypothekare verfügbar. Hat dagegen der Löschungsberechtigte die Löschung noch nicht durchgesetzt, so muß die Eigentümergrundschuld wie jede andere Eigentümergrundschuld auch in das geringste Gebot aufgenommen werden. Eine Redaktionsbemerkung in Neumanns Jahrbuch 4, 781 scheint das bestreiten zu wollen. Richtig ist daran nur soviel, daß die Eigentümergrundschuld dann nicht in das geringste Gebot gehört, wenn aus besonderen Gründen die Eigentümergrundschuld bereits mit dinglicher Wirkung hinter der nächstfolgenden Hypothek ihren Rang hat. Das Reichsgericht nimmt an, daß, wenn das Restkaufgeld dem später einzutragenden Baugelde den Vorrang einräumt, diese Rangabtretung nicht auch auf den, Eigentümergrundschuld bleibenden, unvalutierten Teil der Baugeldhypothek zu beziehen sei (RG. 59 313, 61 371, U. v. 14. 4. 09 V 284/08). Ebenso hat das Reichsgericht in einem Urteil vom 8. Februar 1908 V 256/07 (vgl. auch 72 277) ausgesprochen[1]), daß der Eigentümer befugt sei, einer neuen Hypothek den Rang unmittelbar hinter dem valutierten Teile der vorgehenden Hypothek anzuweisen und daß darin ein bereits im voraus dinglich wirkender Verzicht auf den Vorrang der künftigen Eigentümergrundschuld zu finden sei. Doch das sind besondere Fälle, die wir beiseite lassen müssen, um das Prinzip nicht zu verwirren; mit § 1179 haben sie nichts zu tun (s. aber S. 43).

Die Eigentümergrundschuld muß also in das geringste Gebot aufgenommen werden, solange sie nicht tatsächlich gelöscht ist oder auf grund der im Termine vorliegenden Urkunden sofort gelöscht werden kann (RG. 57 211). Wie ist nun aber die in bezug auf die Eigentümergrundschuld bestehende Löschungsvormerkung bei der Feststellung des geringsten Gebots zu berücksichtigen? Das Reichsgericht wendet § 50 ZVG. auch auf die löschungspflichtige Eigentümergrundschuld an.

[1]) Der Reichsgerichtskommentar bekämpft übrigens diese Ansicht in N. 5 zu § 1179.

f) Der Ersteher hat also danach eine **Ersatzzahlung** zu leisten, wenn die nach den Versteigerungsbedingungen bestehen bleibende Eigentümergrundschuld demnächst durch Ausübung des Löschungsanspruchs wegfällt, und diese Ersatzzahlung ist schon im voraus bedingt zu verteilen. Die Anwendbarkeit des § 50 ZVG. auf die Löschungsvormerkung ist freilich nicht ohne weiteres klar. Er spricht von dem Falle, daß ein im geringsten Gebote berücksichtigtes Recht **bedingt** ist und demnächst die auflösende Bedingung eintritt. Von einer das dingliche Recht selbst ergreifenden Bedingung kann aber bei der Löschungsvormerkung keine Rede sein. Es besteht nur ein obligatorisches Recht auf Aufhebung der Eigentümergrundschuld und auch die Vormerkung gibt diesem Aufhebungsrechte noch keine dingliche Wirkung. Im Zwangsversteigerungsverfahren sind jedoch nach der ausdrücklichen Vorschrift des § 48 ZVG. **vorgemerkte Rechte wie dingliche Rechte** zu behandeln, obwohl sie ihrer Natur nach obligatorische Rechte geblieben sind. Diese Sondervorschrift rechtfertigt es allein, dem Ersteher eine bedingte Ersatzzahlungspflicht aufzulegen für den Fall, daß nach der Versteigerung die Löschung der laut Zuschlagsbeschluß bestehen gebliebenen Eigentümergrundschuld noch durchgesetzt wird[1]). Auch hier haben wir wieder die merkwürdige Erscheinung, daß das Löschungsrecht zugunsten der Nachhypothekare und Zwischenberechtigten ganz verschieden wirkt, je nachdem die Eigentümergrundschuld im geringsten Gebote berücksichtigt war oder nicht.

Ist sie im geringsten Gebote berücksichtigt, also vom Zuschlag unberührt geblieben, so kann der Löschungsberechtigte nach wie vor seinen Zugriff in sie nehmen oder ihre Löschung verlangen, wie wenn eine Zwangsversteigerung gar nicht stattgefunden hätte. Wird sie aber nun noch gelöscht, so wird ihr ganzer Betrag als Ersatzzahlung verfügbar und fließt, wie schon durch die Eventualverteilung vorgesehen, den ausfallenden Hypothekaren in der Reihenfolge ihres Ranges zu. Die vom Ersteher zu leistende Ersatzzahlung beschränkt sich hier nicht etwa auf den zur Befriedigung des Löschungsberechtigten erforderlichen Betrag. Es werden also auch die Zwischenberechtigten und Nachmänner

[1]) OLG. Dresden SeuffA. 60 Nr. 135, RG. 57 209.

bei der Verteilung bedacht. Vom guten Willen des Löschungsberechtigten hängt es aber auch hier wieder ab, ob er sein Löschungsrecht ausüben und dadurch den Zwischen- und Nachmännern diesen Vorteil zuführen will. War die löschungspflichtige Post dagegen **nicht** im geringsten Gebote berücksichtigt, also durch den Zuschlag erloschen und soweit der Erlös reicht, bar auszuzahlen, so kann dagegen, wie wir sahen, der Löschungsberechtigte nur verlangen, daß der Subhastat den ihm zugeteilten Erlös insoweit preisgebe, als es zur Befriedigung des Löschungsberechtigten im Wege des Verteilungsverfahrens erforderlich ist. Die **hinter** dem Löschungsberechtigten stehenden Nachhypothekare gehen also in diesem Falle immer leer aus. Dagegen kommt ein etwa **vor** dem Löschungsberechtigten stehender Zwischenmann, wie wir gesehen haben, auch hier voll zur Hebung, wenn der Erlös dazu ausreicht, um nach dessen Befriedigung dem nachfolgenden Löschungsberechtigten auch noch etwas zuzuteilen. Freilich hat der Löschungsberechtigte es immer in der Hand, den Zwischenmann **auszuschalten**, indem er nämlich entweder die löschungspflichtige Eigentümergrundschuld oder den Anspruch auf den für sie zugeteilten Erlös sich von dem Subhastaten abtreten läßt oder auf grund eines vollstreckbaren Titels pfändet. Denn während er im übrigen allen Verfügungen über die löschungspflichtige Post und über ihr Surrogat entgegentreten kann, wird er natürlich sein Löschungsrecht dann **nicht** ausüben, sobald die der Vormerkung zuwiderlaufende Verfügung zu seinen eigenen Gunsten gereicht.

g) Das im Anhang I abgedruckte Urteil behandelt einen **praktischen Fall**, bei dem die soeben erörterten Grundsätze anzuwenden waren (das Urteil ist zunächst zu vergleichen). Hier hatte der Versteigerungsrichter den Fehler begangen, nicht zugleich eine Ersatzzahlung des Erstehers für den Fall, daß die 19000 M. gelöscht würden, bedingt zu verteilen. Die Ersatzzahlung wäre freilich im vorliegenden Falle dem Kläger R., der sie als Ersteher zu leisten hätte, in der Eigenschaft als erstausfallenden Gläubiger wieder zugefallen. Aber sein persönlicher Ausfallanspruch gegen den Subhastaten würde sich dementsprechend gemindert haben. Deshalb wurde dem auf Löschung der Eigentümergrundschuld gerichteten Urteile die Maßgabe hinzugefügt, daß die Löschung zum Zwecke der Befriedigung des Klägers wegen eines gleich hohen Betrags seines Ausfallsanspruchs erfolge.

Die Klage des L., des Teilgläubigers, der laut Vereinbarung mit dem Ersteher bestehen gebliebenen 3000 M. wurde dagegen abgewiesen, weil diese Vereinbarung wie eine Befriedigung wirke und mit ihr daher der Löschungsanspruch, soweit er auf L. übergegangen, erledigt sei. Das Urteil wies noch auf den merkwürdigen Umstand hin, daß L. trotz der Klageabweisung sein Ziel erreichte. Denn die von R. betriebene Löschung der Eigentümergrundschuld kam auch dem Zwischenberechtigten L. zustatten, obwohl dieser nach der neu geschaffenen Sachlage kein Recht mehr darauf hatte, um 19000 M. vorzurücken. R. hätte dieses Vorrücken des L. dadurch vermeiden können, daß er statt Löschung zu betreiben, die Eigentümergrundschuld sich von S. abtreten ließ oder daß er sie auf grund des für seine Ausfallforderung erlangten Schuldtitels gegen S. pfändete.

8. Auch im Konkurse des Grundeigentümers ist davon auszugehen, daß die Verzichtsabrede nur einen obligatorischen Anspruch gegen den Gemeinschuldner begründet. Sieht man zunächst davon ab, ob zur Sicherung dieses obligatorischen Anspruchs eine Löschungsvormerkung eingetragen ist, so haben wir es mit dem Anspruch eines gewöhnlichen Konkursgläubigers zu tun. Es steht ihm weder ein Aussonderungs- noch ein Absonderungsrecht zur Seite (KO. §§ 43 ff., 47 ff.), er hat auch nicht die Natur einer Masseschuld (KO. § 59). Nach § 69 KO. wäre deshalb der (nicht vorgemerkte) Löschungsanspruch als gewöhnliche Konkursforderung zum Schätzungswert in Reichswährung geltend zu machen. Das Reichsgericht läßt jedoch auch ohne Vormerkung den Anspruch gegen den Konkursverwalter auf Herbeiführung der Löschung zu[1]).

Das Ergebnis ist wohl praktisch erwünscht, aber nicht be-

[1]) In dem Falle RG. 52 5 war zwar eine Vormerkung des Löschungsanspruchs beabsichtigt gewesen. Die Vormerkung war jedoch nicht eingetragen und die Frage, ob ein bloßer Hinweis auf die Eintragungsbewilligung genüge, um die Vormerkung als eingetragen zu behandeln, wurde von allen drei Instanzen unentschieden gelassen. Das Bedenken, ob nicht der Konkurs es aus-

denkenfrei. Denn ein obligatorischer Anspruch auf Verzicht kann den Verzicht selbst noch nicht ersetzen. Ein schon dinglich wirkender Verzicht auf die künftige Eigentümergrundschuld kann

---

schließe, den rein persönlichen Verzichtsanspruch gegen den Verwalter geltend zu machen, ist im reichsgerichtlichen Urteile gar nicht erörtert.

In dem nach preußischen Rechte zu beurteilenden Falle RG. **19** 59 hatte der Eigentümer, nachdem er bereits durch Zurückzahlung eines Teilbetrags Eigentümerhypothekar geworden war, sich einem nachstehenden Hypothekengläubiger gegenüber zur Löschung der bereits erworbenen Eigentümerpost verpflichtet. Nachdem schon ein Notar mit Erwirkung der Löschung beauftragt war, fiel der Grundeigentümer in Konkurs. Das Kammergericht hatte die gegen den Konkursverwalter gerichtete Klage auf Löschung abgewiesen, weil die Verpflichtung bis zur Konkurseröffnung unerfüllt geblieben sei und der Berechtigte nur als Konkursgläubiger seine Interesseforderung anmelden dürfe. Das Reichsgericht nahm jedoch einen bereits endgültig wirkenden Verzicht auf das Hypothekenrecht oder eine bereits wirksam gewordene Vorrechtseinräumung an und hielt die an sich noch bestehende Möglicheit, daß der Verwalter durch Abtretung der Eigentümerpost an einen gutgläubigen Dritten die Rechte des Anspruchsberechtigten vereitele, für unerheblich.

Auch der Fall Gruchot **44** 1214 war nach älterem Rechte zu beurteilen und betraf eine vom Gemeinschuldner bereits erworbene Eigentümerhypothek, auf die dieser nur mündlich verzichtet hatte. Das RG. führte hier aus: Wer den Anspruch auf Erfüllung habe, könne als Konkursgläubiger nur eine Forderung wegen Nichterfüllung geltend machen. Allein anders liege die Sache, wenn der Gemeinschuldner durch den geschlossenen Vertrag ein ihm zustehendes Recht seines materiellen Inhalts bereits insoweit entledigt habe, daß er auf die Geltendmachung gegen seinen Gegenkontrahenten verzichtete. In dieser Hinsicht könne der Umstand, daß durch solchen Verzicht das Recht in seinem formellen Bestande noch nicht beseitigt sei, nicht dem Rechte den materiellen Inhalt zum Nachteile des Gegenkontrahenten wieder zuführen, den es durch die Rechtshandlung bereits eingebüßt habe.

In JW. **06** 424[9] handelte es sich dagegen um eine reichsrechtliche, nicht durch Vormerkung gesicherte Löschungsabrede des Gemeinschuldners. Der Vorderrichter hatte den gegen den Konkursverwalter erhobenen Anspruch auf Löschung abgewiesen, weil er nicht vorgemerkt war. Das RG. führte dagegen aus, die Vormerkung diene nur zur Sicherung gegen Dritte; der Konkursverwalter sei aber kein Dritter. Er müsse sich in seiner Verwaltungstätigkeit alle Einwendungen gefallen lassen, die der andere Vertragsteil dem Gemeinschuldner entgegensetzen könne. Dies gelte auch von der Einrede der Arglist. Der § 24 KO. setze einen noch nicht erfüllten durch die Vormerkung zu sichernden Anspruch voraus. Von einem solchen könne aber nicht die Rede sein, wenn es sich darum handle, daß die Konkursmasse an einen vom Gemeinschuldner erklärten Verzicht gebunden bleibe.

Auch in Gruch. **52** 1075 handelte es sich um eine mündliche Löschungsabrede des Gemeinschuldners. Das Kammergericht hatte angenommen, daß nur

deshalb nicht angenommen werden, weil ihn der Gesetzgeber ausgeschlossen hat (S. 8), und auch eine sofort wirksame Vorrangeinräumung vor einem erst künftig zu erwerbenden Rechte wird

---

eine Konkursforderung in Geld geltend gemacht werden könne. Das RG. führte dagegen aus, in der Löschungsabrede sei bereits ein endgültiger Verzicht auf die künftige Eigentümergrundschuld enthalten, wenigstens soweit es sich um den Vorrang handle. Es liege also mehr vor, als eine bloß obligatorische Binduug, und der Berechtigte mache daher nicht einen obligatorischen Anspruch geltend, sondern einen dinglichen Anspruch auf Berichtigung des Grundbuchs.

In der Entscheidung Gruchot **54** 159 wird dann ausgeführt: Das (eben erwähnte) Urteil Gruch. **52** 1075 stehe nicht damit in Widerspruch, daß die löschungspflichtige Eigentümergrundschuld zu vollem Recht bestehen bleibe, bis sie tatsächlich gelöscht werde. Denn dort handle es sich darum, ob die vom Gemeinschuldner eingegangene Löschungsverpflichtung gegenüber dem Konkursverwalter wirke. Der Konkursverwalter sei kein Dritter und er bleibe an die vom Gemeinschuldner rechtswirksam abgegebenen Erlärungen gebunden.

Das RG. war offenbar bemüht, das Ergebnis der unter älterem Recht gewonnenen Rechtsprechung auch für das neue Recht festzuhalten. Es ist aber dabei auf ungangbarem Wege. Schon der Satz, daß der Konkursverwalter „kein Dritter" sei, ist nicht ohne Bedenken. Daß er nicht alle Pflichten des Gemeinschuldners ebenso, wie dieser selbst, zu erfüllen hat, zeigen schon die Vorschriften über Erfüllung der Rechtsgeschäfte (KO. §§ 17ff.). Aus diesem Satze aber herzuleiten, daß die Eintragung einer Vormerkung für die Wirkung der Verpflichtung gegen den Konkursverwalter unerheblich sei, verbietet die Tatsache, daß die Konkursnovelle von 1898 es für nötig erachtet hat, den § 19b (jetzt § 24) aufzunehmen, um damit der Vormerkung Wirkung auch gegenüber der Konkursmasse zu verleihen (Bgr. S. 44 in der Heymannschen Ausg.). Auch wenn der Konkursverwalter kein Dritter ist, so hängt doch nach § 24 KO. der Anspruch auf Naturalerfüllung auch im Konkurse davon ab, daß er durch Vormerkung gesichert ist. Damit wird allerdings, wie oben bemerkt, der Vormerkung neben ihrer allgemeinen sachenrechtlichen noch eine besondere konkursrechtliche Bedeutung verliehen. Der § 24 nötigt aber zu dem Gegenschlusse, daß der nicht vorgemerkte obligatorische Anspruch gemäß § 69 nur als schlichte Konkursforderung in Geld geltend gemacht werden kann. Dies wird in JW. **06** 424 auch nicht geleugnet. Das Reichsgericht will nun aber damit helfen, daß es einen bereits sachenrechtlich wirksamen Verzicht des Gemeinschuldners und daher statt des obligatorischen einen sachenrechtlichen Berichtigungsanspruch des Gläubigers annimmt. Dabei tritt es aber in Widerspruch mit der Tatsache, daß das BGB. einen sachenrechtlichen Vorausverzicht auf die künftige Eigentümergrundschuld nicht hat zulassen wollen und statt seiner eben nur den Löschungsanspruch gewährt, der die Schranken des reinen Schuldrechts nicht überschreitet.

schwerlich anerkannt werden können. Die vom Reichsgericht in der Entsch. 72 277 offengelassene Frage, ob der Rangrücktritt einer Eigentümergrundschuld als teilweise Löschung aufgefaßt werden könne, wird im reichsgerichtlichen Kommentar (wie schon bemerkt) mit Recht verneint. Hiernach wird entgegen der Auffassung des Reichsgerichts der Berechtigte, dem ein nicht vorgemerkter Löschungsanspruch zusteht, im Konkurs auf einen Geldanspruch zu beschränken sein.

Anders steht es jedoch, wenn für ihn eine Vormerkung aus § 1179 BGB. eingetragen ist, und hier zeigt sich nun eine bisher noch nicht erwähnte neue Wirkung dieser Vormerkung. Vorgemerkte Ansprüche sind von dem Konkursverwalter zu erfüllen; sie verwandeln sich nicht in eine Geldforderung.

> KO. § 24: „Ist zur Sicherung eines Anspruchs auf Einräumung oder Aufhebung eines Rechtes an einem Grundstücke des Gemeinschuldners oder an einem für den Gemeinschuldner eingetragenen Rechte oder zur Sicherung eines Anspruchs auf Änderung des Inhalts oder des Ranges eines solchen Rechtes eine Vormerkung im Grundbuch eingetragen, so kann der Gläubiger von dem Konkursverwalter die Befriedigung seines Anspruchs verlangen."

Der Anspruch auf Löschung (richtiger auf Verzicht) gehört daher, falls er im Grundbuch vorgemerkt ist, zu den Ansprüchen aus zweiseitigen Verträgen, deren Erfüllung für die Zeit nach der Konkurseröffnung kraft Gesetzesvorschrift (also ohne Wahlrecht des Verwalters) erfolgen muß; er ist also als Masseschuld vorweg zu berichtigen (§§ 57, 59 Nr. 2). Der Löschungsanspruch fällt unbedenklich unter den Begriff eines Anspruchs auf Änderung des Inhalts oder Ranges eines Grundstücksrechts. Freilich wird die zu löschende Eigentümergrundschuld im Regelfalle noch nicht auf den Namen des Eigentümers eingetragen sein. Ebenso wird die Urkundenkette, die nach § 1155 BGB. die Eintragung ersetzt und doch wohl auch im Sinne des § 24 KO. das Recht als ein „eingetragenes Recht" erscheinen läßt,

---

Die Konstruktion, daß aus dem obligatorischen Verzichtsversprechen des Eigentümers, sobald er in Konkurs gerät, ein sachenrechtlicher Berichtigungsanspruch entspringe, tritt mit grundlegenden Vorschriften des Sachenrechts, insbesondere mit § 875 BGB., in nicht zu lösenden Widerspruch (s. a. Wäntig JW. 10 1029).

nicht immer vorhanden sein. Erinnern wir uns aber daran, daß der Grundeigentümer, weil er zwar nicht als Gläubiger der Eigentümerpost, aber doch wenigstens als Eigentümer des Grundstücks eingetragen steht, im Sinne des § 40 GBO. als „eingetragener Berechtigter" zu gelten hat (oben S. 11). Hiernach wird man wohl auch den Schluß ziehen dürfen, daß die Vormerkung aus § 1179 BGB. eine Vormerkung im Sinne des § 24 KO. ist. Denn das Recht ist eingetragen und der Gemeinschuldner, der dieses Recht als Eigentümer hat, ist zwar nicht als Inhaber des eingetragenen Rechtes aber doch als Eigentümer des Grundstücks eingetragen.

Das Ergebnis ist also das gleiche, wie in der Fahrnisvollstreckung: die löschungspflichtige Eigentümerpost ist kraft der Vormerkung kein taugliches Befriedigungsmittel für die Konkursgläubiger des Eigentümers, wie sie schon für die Vollstreckungsgläubiger des Eigentümers kein taugliches Befriedigungsmittel war. Der Wettlauf der Gläubiger, dem wir bei der Fahrnisvollstreckung begegneten, fällt im Konkurse von Anfang an fort. Er wird durch die gleiche Lage der Konkursgläubiger und das auf ihr beruhende Verbot des § 14 KO. ausgeschlossen, der Löschungsberechtigte hat es mit keinem anderen als dem Verwalter zu tun[1]).

Der Konkurs wird regelmäßig mit der Zwangsversteigerung des belasteten Grundstücks zusammentreffen, mag sie nun der Verwalter oder ein Grundstücksgläubiger betreiben. Die Folgesätze sind hier leicht zu ziehen. Ist der Löschungsanspruch *nicht vorgemerkt*, so zieht der Verwalter die auf die Eigentümerpost entfallende Hebung zur Masse und der auf eine gewöhnliche Konkursforderung beschränkte Berechtigte hat keinen Anspruch darauf, daß ihm diese Hebung überlassen werde. Ist der Anspruch *vorgemerkt*, so gilt auch im Falle des Konkurses alles das, was oben (S. 33 ff.) ausgeführt wurde. Der Umstand, daß der Subhastat im Konkurs ist, bietet alsdann keine Besonderheit, abgesehen davon, daß durch § 14 KO. Arreste und

[1]) Das Verbot des § 14 KO. gilt auch gegenüber dem Löschungsberechtigten selbst, soweit er Konkursgläubiger ist. Die S. 20 erwähnte Nebenwirkung der Löschungsvormerkung, daß er ungestört durch andere seinen Zugriff in die Eigentümerpost nehmen kann, fällt also im Konkurse fort.

Zwangsvollstreckungen zugunsten einzelner Konkursgläubiger in die auf die Eigentümerpost entfallenden Hebungen ausgeschlossen sind. Setzt der Berechtigte vor der Zwangsversteigerung die Löschung durch oder legt er wenigstens im Versteigerungstermin die zur Löschung erforderlichen Urkunden vor (RG. 57 211), so ist die Eigentümerpost im Zwangsversteigerungsverfahren nicht zu berücksichtigen. Besteht dagegen die Eigentümerpost während des Zwangsversteigerungsverfahrens noch zu Recht, so ist (wie oben S. 39 dargelegt) zu unterscheiden, ob sie in das geringste Gebot fällt oder nicht, und im ersten Falle die eventuelle Ersatzzahlung bedingt zu verteilen. Im zweiten Falle entsteht erst die Frage, ob der auf die Eigentümerpost zugeteilte Erlös dem Subhastaten verbleiben soll oder dem Löschungsberechtigten zu überlassen ist oder aber den Nachhypothekaren zufällt. Verbleibt der Erlös dem Subhastaten, dann ist er vom Verwalter zur Masse zu ziehen und mit dieser konkursmäßig zu verteilen. Ist er dagegen ganz oder zum teil dem Löschungsberechtigten zur Befriedigung wegen einer Hypothekenforderung zu überlassen, so muß sich der Konkursverwalter darein fügen. Soweit nach dem oben (S. 34) Gesagten sein Anspruch auf die zunächst dem Eigentümer zugeteilte Hebung reicht, erhält der Löschungsberechtigte sie aus der Grundstücksmasse, mithin unabhängig vom Konkursverfahren. Auch das, was er kraft der Löschungsabrede zu seiner Befriedigung weiter empfängt, stellt sich hiernach als eine „Befriedigung aus dem Grundstücke" dar. Die Löschungsabrede führt also im Konkurse zu einer Erweiterung des Absonderungsrechts, das dem Gläubiger wegen seiner durch die Löschungsabrede verstärkten Hypothekenforderung ohnehin schon zusteht (KO. § 47).

Ist die Löschungsabrede nicht auf den Zweck beschränkt, die Befriedigung wegen einer bestimmten Hypothek zu sichern, so kann der Berechtigte ohne jede Einschränkung verlangen, daß der Konkursverwalter den Erlösteil preisgebe, der als Ersatzwert der beim Zuschlag erloschenen Eigentümerpost zur Masse fließt (S. 37). Aber nicht der Berechtigte erhält den aus der Masse freigegebenen Erlösteil, sondern er fällt den erstausfallenden Grundstücksgläubigern zu. Diese Verbesserung ihrer Lage, auf die sie kein Recht haben, hängt allein davon ab, ob es dem

Berechtigten gefällt, die in seine Hände gegebene Macht zuungunsten des Verwalters auszuüben. Bei der im Konkursverfahren stattfindenden Zwangsversteigerung findet sich gegenüber dem S. 37 Gesagten in unserem Falle nur die eine Besonderheit, daß der Vormerkungsberechtigte auch zu seinen gunsten nach der Eröffnung des Konkurses eine Zwangsvollstreckung in die löschungspflichtige Eigentümerpost nicht mehr vornehmen darf und daß ihm daher auch die Möglichkeit fehlt, den auf diese Post fallenden Erlösteil für sich zu pfänden (KO. § 14). Er kann diesen der Masse gebührenden Erlösteil zwar der Masse und damit den Konkursgläubigern entziehen, aber ihn niemand anderem zuwenden als den erstausfallenden Grundstücksgläubigern.

9. **Die Gläubigeranfechtung** gegenüber der Löschungsabrede scheint bisher kaum erörtert worden zu sein. Es ist schon berührt worden, daß das Löschungsrecht wegen der ihm anhaftenden Nebenwirkung dazu benutzt werden kann, um den Zugriff der Vollstreckungsgläubiger in die Eigentümerpost abzuwehren und sie dadurch dem Eigentümer (Vollstreckungsschuldner) zu erhalten. Insofern reiht sich die Löschungsvormerkung gewissen neuzeitlichen Formen der Gläubigerbenachteiligung an, wie der Sicherungsübereignung, der Übertragung von Konzessionen oder Mietrechten und den Dienstverträgen, bei denen der Schuldner nur den pfandfreien Lohn von 1500 M. bekommt, während der Mehrbetrag seiner Frau oder einem guten Freunde auszuzahlen ist (vgl. RG. **69** 59). Es ist klar, daß diesen verfeinerten Benachteiligungsgeschäften auch nur durch eine verfeinerte Handhabung des Anfechtungsgesetzes begegnet werden kann und daß es nötig ist, den Rechtsverkehr gegen unlautere Machenschaften dieser Art zu schützen. Wird also eine Löschungsvormerkung zu keinem anderen Zwecke geschaffen, als um Zwangsvollstreckungen in die Eigentümerpost zu vereiteln so muß sich ein Weg finden lassen, um einen so beschaffenen Löschungsanspruch im Wege der Gläubigeranfechtung wieder zu beseitigen. Die Löschungsabrede fällt zunächst unter den Begriff der „Rechtshandlung", die anfechtbar ist, wenn sie in der dem anderen Teile bekannten Absicht, die Gläubiger zu benachteiligen, vorgenommen wurde (AnfG. § 3 Nr. 1). Bei Anwendung dieser Vorschrift wird freilich oft die Anfechtung an der Beweisfrage

scheitern. Bezieht sich das Löschungsrecht auf eine bestimmte Hypothek, zu deren Sicherung es bedungen wurde, so wird regelmäßig schon aus sachlichen Gründen die Gläubigeranfechtung entfallen. Denn es liegt dann die Absicht klar zutage, das aufrücken der gesicherten Hypothek zu ermöglichen. Diese Absicht schließt eine Gläubigerbenachteiligung aus. Ein Recht der Vollstreckungsgläubiger darauf, sich wie ein Keil zwischen die mehreren Hypotheken zu schieben, ist nicht anzuerkennen. Diese Erwägung wird oft auch ausreichen, um den nach § 3 Nr. 2 erforderlichen Entlastungsbeweis zu führen, wenn das zur Sicherung einer Hypothek bestimmte Löschungsrecht einem der in Nr. 2 bezeichneten nahen Angehörigen eingeräumt worden ist.

Die Nr. 3 wird hingegen anzuwenden sein, wenn der Eigentümer ohne Beziehung auf ein zu sicherndes Recht und ohne erkennbare Gegenleistung einem Dritten das Löschungsrecht einräumt. Es handelt sich dann um ein unentgeltliches Geschäft und bei Eintragung der Vormerkung um eine unentgeltliche Verfügung. Wenn auch die Vormerkung ein dingliches Recht nicht schafft und daher vielleicht auch nicht als eine Grundstücksbelastung anzusehen ist (S. 14), so schafft sie doch immerhin eine Rechtslage, die einer Grundstücksbelastung ähnlich ist. Sie macht jedenfalls im Endergebnisse die Eigentümerpost zu einem Vermögensstücke des Eigentümers, das kein taugliches Befriedigungsmittel für die Vollstreckungsgläubiger mehr bildet. Sie stellt also eine Rechtswirkung her, die den Wirkungen einer Verfügung entspricht. Das aber muß zur Anwendung des § 3 Nr. 3 genügen, der für die Anfechtung nur noch das Erfordernis der Unentgeltlichkeit aufstellt.

Die Rückgewähr nach § 7 AnfG. kann sich hier sehr einfach vollziehen. Es genügt, die Rechtslage zu beseitigen, die dem Gläubiger Nachteil bereitet; der Anfechtungsgegner darf von seinem Löschungsrechte, einschließlich des durch die Vormerkung geschaffenen Rechtes auf Zustimmung zur Löschung, zuungunsten des anfechtenden Gläubigers keinen Gebrauch machen.

Die Anfechtung des Löschungsrechts im Konkurse gestaltet sich entsprechend mit der Maßgabe, daß sie dem Konkursverwalter obliegt und zugunsten aller Konkursgläubiger wirkt. Die Sonderfälle der konkursrechtlichen Anfechtung (KO. § 30

Nr. 1, 2) werden keine erhebliche Rolle spielen. Doch ist zu beachten, daß die Anfechtung aus § 30 Nr. 2 in erster Linie einen Hypothekengläubiger treffen wird, der bei der drohenden Zwangsversteigerung ganz oder zum Teil auszufallen fürchtet und sich nun noch nachträglich zur besseren Sicherung seiner Hypothekenforderung ein Löschungsrecht ausbedingt. Auf diese Sicherung hatte er keinen Anspruch, denn den etwaigen Ausfall würde er im Konkurse nur als schlichte Konkursforderung geltend machen dürfen. Es liegt also insoweit eine Rechtshandlung vor, die einem Konkursgläubiger Sicherung gewährt, die er nicht in der Art zu beanspruchen hatte. Anders natürlich, wenn die Löschungsabrede sogleich bei der Bestellung der Hypothek, also bei der Eingehung des Kreditgeschäfts, getroffen wurde. Sie beruht dann auf einem entgeltlichen Vertrag und für die konkursmäßige Anfechtung aus § 30 bleibt kein Raum.

Nach der Konkurseröffnung kann der Gemeinschuldner Löschungsverpflichtungen nicht mehr mit Wirksamkeit gegenüber den Konkursgläubigern begründen; es steht dem der Mangel seiner Verfügungsbefugnis entgegen (KO. § 7). Infolgedessen kann nach der Eintragung des Konkursvermerkes auch eine Löschungsvormerkung auf Bewilligung des Gemeinschuldners nicht mehr eingetragen werden (vgl. RG. 71 38).

Ist eine solche vor Einschreibung des Konkursvermerkes noch eingetragen worden, so kann sie nach § 42 KO. angefochten werden. Diese Vorschrift setzt eine nach Eröffnung des Verfahrens vorgenommene Rechtshandlung voraus, die nach §§ 892, 893 BGB. den Konkursgläubigern gegenüber wirksam ist. Unter § 892 kann die Löschungsvormerkung nicht fallen, da sie weder ein dingliches Recht am Grundstücke noch ein solches an einem Grundstücksrechte gewährt. Wohl aber trifft § 893 zu. Die Eintragung der Löschungsvormerkung schafft eine Rechtslage, wie sie sonst nur durch eine Verfügung geschaffen wird; sie macht die Eigentümerpost zu einem für die Konkursgläubiger untauglichen Befriedigungsmittel. Daher ist die Bestellung der Vormerkung anzusehen als „ein nicht unter die Vorschriften des § 892 fallendes Rechtsgeschäft, das eine Verfügung über das Recht enthält".

10. Daß der Gesetzgeber, als er den § 1179 schuf, die merkwürdigen, schwierigen und zum teil geradezu ungerechten Folgen seiner Vorschrift vorausgesehen und gebilligt habe, ist schwer zu glauben. Es steht auch außer Zweifel, daß bei der von uns gefundenen Auslegung der gesetzgeberische Zweck des § 1179 nicht erreicht wird[1]). Aber nicht die Art der Auslegung, sondern der Inhalt des Gesetzes selbst, verkümmert diesen Zweck. Der Gesetzgeber hat sich hier eines Versuchs mit untauglichen Mitteln schuldig gemacht. Sein Auge war nur auf das Ziel gerichtet, die Eigentümerhypothek in den Rechtsverkehr möglichst einzubürgern und eine dingliche Ausschließung dieses Rechtsinstituts zu hindern. Die praktische Gangbarkeit des Weges, den er dem Verkehr eröffnete, stand für den Gesetzgeber erst in zweiter Linie. So kommt es, daß der eröffnete Weg sich als zu rauh, zu eng und zu unsicher erweist. Es rächt sich, daß man Rechtswirkungen im Bereiche des Sachenrechts auf dem Umweg über obligatorische Abreden zu erzielen suchte. Halbheiten und Surrogate bleiben nicht ohne Nachteil. Zu helfen ist nur auf dem Wege der Gesetzgebung. Will man nicht soweit gehen, die im BGB. unleugbar vorhandene Überspannung des Prinzips der Eigentümerhypothek ganz zu beseitigen und insbesondere die nicht valutierte Hypothek wieder so zu behandeln, wie es im preußischen Recht geschah, so ist zum mindesten die Möglichkeit zu schaffen, daß die Entstehung einer Eigentümergrundschuld sei es in allen, sei es in gewissen Fällen mit dinglicher Wirkung ausgeschlossen werden kann.

[1]) Pitel, ZBl. 7 644.

Anhang.

I. Urteil des Kammergerichts (14. ZivS.) vom 31. Oktober 1908, 14 U 2164/08.

Löschungsvormerkung (§ 1179 BGB.). Rechtsstellung des in der Zwangsversteigerung ausgefallenen Gläubigers, zu dessen gunsten die Löschungspflicht des Eigentümergläubigers bedungen war.

Der Beklagte S. war Eigentümer eines Grundstücks. Er hatte es vom Kläger R. käuflich erworben, für den eine Darlehnshypothek Nr. 5 von 39 500 M. eingetragen war. In der Urkunde vom 22. November 1906 räumte R. einer Baugeldhypothek der Hypothekenbank H. Nr. 7 von 100 000 M. den Vorrang vor seiner Darlehnshypothek ein, jedoch mit der Maßgabe, daß, insoweit die 100 000 M. nicht zur Auszahlung gelangen oder sich sonst mit dem Eigentum am Grundstück in einer Person vereinigen, der Eigentümer über diesen Teil der Hypothek nicht verfügen, sondern ihn nur löschen lassen dürfe.

Auf Bewilligung des S. wurde eine Vormerkung dieses Inhalts bei der Post Nr. 7 von 100 000 M., jedoch ohne Bezeichnung eines Berechtigten eingetragen. Auf diese Post sind unstreitig nur 81 000 M. Valuta gewährt. Auf Antrag des R. kam das Grundstück am 26. September 1907 zur Zwangsversteigerung. R. erstand es für ein Bargebot von 6000 M., während die Post Nr. 7 mit 100 000 M. nach den Versteigerungsbedingungen bestehen blieb.

Am Tage vor der Versteigerung hatte R. von seiner Post Nr. 5 den Betrag von 3000 M. mit dem Range vor dem Reste an L. abgetreten. Diese Teilpost kam nach dem Verteilungsplane voll zur Hebung, jedoch vereinbarten R. und L., daß die Post von 3000 M. bestehen bleiben sollten.

Der Subhastat S. hatte am Tage nach der Versteigerung seinen Restvalutaanspruch und seine etwaige Eigentümergrundschuld an U. abgetreten.

R. und L. klagen gegen S. und U. mit dem Antrage:

a) anzuerkennen, daß ihnen kein Anspruch auf den nicht zur Entstehung gelangten Teil der Post Nr. 7 zustehe;

b) in die Löschung des nicht zur Entstehung gelangten Teilbetrags von 19000 M. dieser Post zu willigen.

U. ist rechtskräftig durch Versäumnisurteil verurteilt, S. nach streitiger Verhandlung den Anträgen gemäß verurteilt. Dagegen richtet sich die Berufung des S.

Entscheidungsgründe.

Eine Vereinbarung der Beteiligten, welche mit dinglicher Wirkung es ausschlösse, daß die nicht durch Valuta belegte Hypothek als Eigentümergrundschuld dem Grundstückseigentümer zufällt, hat das Bürgerliche Gesetzbuch nicht zugelassen (RG. 52 5). Es ist nur eine obligatorische Verpflichtung des Eigentümers statthaft, die Hypothek löschen zu lassen, wenn und soweit sie sich mit dem Eigentum in einer Person vereinigt. Die Vereinbarung, welche eine solche Verpflichtung begründet, vermag es nicht zu hindern, daß der Eigentümer gemäß § 1163 BGB. das dingliche Recht — nämlich die Eigentümergrundschuld in Höhe des nichtvalutierten Betrags — erwirbt. Sie macht es ihm nur zur Pflicht, zugunsten des aus der Vereinbarung Berechtigten dieses dingliche Recht wieder aufzuheben, insbesondere es löschen zu lassen. Danach ist der erste Teil des Klageantrags, welcher die Feststellung verlangt, daß dem Beklagten irgend ein Anspruch auf die Teilpost von 19000 M. nicht zustehe, von vornherein verfehlt und mithin abzuweisen. Eine andere Frage ist es, ob er den Klägern gegenüber verpflichtet ist, über das bestehende dingliche Recht, durch Verzicht und demgemäß, um die Tilgung der Post aus dem Grundbuch anzubahnen, durch Löschungsbewilligung zu verfügen. Es soll zunächst nur das Rechtsverhältnis des Klägers R. zum Beklagten S. erörtert werden. Die Stellung des Klägers L. ist gesondert zu betrachten.

Der Beklagte U. und die ihm erteilte Zession kommt nicht mehr in Betracht, da er schon rechtskräftig verurteilt ist, die Löschung zu bewilligen. Übrigens war die Zession an ihn wirkungslos, da ihm weder der Brief über die Post Nr. 7 noch ein über die Teilpost von 19000 M. gebildeter Teilbrief übergeben, noch eines der im § 1117 Absatz 1 Satz 2, Absatz 2 bezeichneten Ersatzmittel der Briefübergabe angewendet worden ist. Die Form des § 1154 BGB. ist nicht gewahrt und die Zession der Eigentümergrundschuld daher nichtig. Die gleichzeitig ausgesprochene Zession des Restvalutaanspruchs ist inhaltslos, weil — wie noch darzulegen ist — ein Valutaanspruch nicht mehr bestand

Der Umstand, daß zur Sicherung des obligatorischen Löschungsanspruchs, wie es § 1179 BGB. zuläßt, eine Vormerkung im Grundbuch eingetragen war, ist zunächst für die Rechtsbeziehungen des R. zum Beklagten S. bedeutungslos. Denn nach § 883 hätte die zur Sicherung des auf Aufhebung der Eigentümergrundschuld gerichteten obligatorischen Rechtes eingetragene Vormerkung nur die Wirkung, daß spätere Verfügungen über die Eigentümergrundschuld insoweit unwirksam wären, als sie den persönlichen Anspruch des R auf Löschung der Eigentümergrundschuld vereiteln oder beeinträchtigen würden (§ 883 Absatz 2 BGB.). Sie verpflichtet den Erwerber des von der Vormerkung betroffenen Rechtes, der Verfügung des Verpflichteten (hier der Löschungsbewilligung des S.) zuzustimmen. Diese Wirkung wäre in Betracht gekommen, wenn S. die Eigentümerpost durch formgültige Zession an einen Dritten abgetreten hätte, während gegenüber der wirkungslosen Zession an U. auf die Vormerkung nicht einmal zurückgegangen zu werden brauchte.

Das persönliche Recht des R., kraft dessen er von S. verlangt, daß dieser die Eigentümerpost zur Löschung bringe, gründet sich nun auf den Vertrag, der zwischen diesen Parteien bei Ausstellung der Urkunde vom 22. November 1906 geschlossen worden ist. Die Urkunde beschränkt sich zwar auf die formalen Erklärungen, welche nach der Grundbuchordnung erforderlich waren, damit die Rangänderung und zugleich die Löschungsvormerkung in das Grundbuch eingetragen werden konnte. Aus den formalen Erklärungen sind aber auch die materiellrechtlichen Abreden, auf denen diese Buchungstatsachen beruhten, deutlich erkennbar. R.

trat mit seinen eigenen Hypotheken zurück, um die Aufnahme einer Baugeldhypothek möglich zu machen. Dies lag auch in seinem eigenen Interesse, weil durch den Bau der Grundstückswert erhöht, die Sicherheit seiner eigenen Hypotheken trotz der Rangabtretung verbessert und zugleich in Gestalt der Nutzungen des geplanten Gebäudes ein regelmäßiger Ertrag des ihm verpfändeten Grundstücks geschaffen wurde. Sein Wille ging aber nicht dahin, auch einer dem nichtvalutierten Reste der Baugeldhypothek entsprechenden Eigentümergrundschuld den Vorrang einzuräumen, da der Wert solcher Eigentümergrundschuld weder in das Grundstück verwendet noch dessen Einkünfte zu verbessern geeignet sein würde. Da nun eine in dieser Weise beschränkte Vorrangseinräumung[1]) vom Standpunkte des Grundbuchrechts unzulässig oder doch untunlich erschien, mußte die angestrebte Beschränkung dadurch erreicht werden, daß der Beklagte sich zur Löschung der etwa entstehenden Eigentümergrundschuld persönlich verpflichtete.

Wem das Recht aus dieser Verpflichtung zustehen sollte, ist weder in der Urkunde vom 22 November 1906 noch in der Eintragungsformel der Vormerkung angegeben. Bei der unbestimmten Fassung der Urkunde liegt die Auslegung am nächsten, daß der jeweilige Gläubiger der zurücktretenden Post berechtigt sein sollte, die Löschung zu fordern (vgl. Staudinger 3. und 4. A. Anmerkung c γ zu § 1179, Wilhelm ZBl. 5 305). Ob es zulässig wäre, ein so bestimmtes Löschungsrecht durch Vormerkung zu sichern, was in der Entscheidung KGJ. 31 A 324, 328 verneint ist (vgl. aber auch KGJ. 32 A 213), kann hier dahin gestellt bleiben. Denn wenn selbst die Vormerkung sachenrechtlich unwirksam sein würde, weil sie nicht auf den Namen eines bestimmten Berechtigten lautet, so kommt es doch für das Verhältnis der Vertragschließenden zueinander, wie schon oben hervorgehoben, nur auf das obligatorisch Vereinbarte und nicht auf die Wirkung der Vormerkung an. Das Klagerecht des R. ist aber auch dann gegeben, wenn die Vereinbarung dahin lauten oder dahin auszulegen sein sollte, daß ihm für seine Person und zwar in der Eigenschaft als Gläubiger der zurücktretenden beiden

---

[1]) Vgl. hierzu aber RG. **59** 3131, **61** 371, Warneyer **09** Nr. 408.

Posten das Löschungsrecht zustehe. Die beiden Posten Nr. 4 und 5 bestehen freilich nicht mehr. Sie sind durch den Zuschlag erloschen — von der Teilpost des L. ist später die Rede. Aber auch als Gläubiger des auf Zahlung aus dem Erlöse gerichteten Anspruchs, in den die durch den Zuschlag erloschenen Hypotheken sich aufgelöst haben (RG. 55 264, 60, 253), ist der Kläger R. immer noch zum Löschungsverlangen berechtigt. Obwohl der Erlös erschöpft ist, besteht sein Zahlungsanspruch fort. Das Klagerecht des R. ist also gegeben.

Mit Unrecht bestreitet der Beklagte, daß die Eigentümerpost ihm zustehe. Daß die unwirksame Zession an U. nicht entgegensteht, ist schon dargelegt worden. Übrigens kann durch eine Abtretung der Eigentümergrundschuld die Passivlegitimation des Beklagten überhaupt nicht berührt werden, da ihm die persönliche Verpflichtung obliegt, die Löschung herbeizuführen und diese persönliche Verpflichtung nicht dadurch beseitigt werden kann, daß er ihr durch eine vertragswidrige Abtretung zuwiderhandelt. Ein Valutaanspruch des S. und folglich auch seines Zessionars besteht nicht mehr. Das ergibt sich auch ohne weitere Beweisaufnahme aus der Erwägung, daß die Hypothekenbank wegen des durch die Zwangsversteigerung und die Ladung zum Offenbarungseide (Bl. 77 der VersteigA.) bewiesenen Vermögensverfalls gemäß § 610 BGB. berechtigt war, das Darlehnsversprechen zu widerrufen (RG. 52 11). Daß sie diese Befugnis ausgeübt hat, beweist ihre Erklärung vom 27. Juli 1907 (VersteigA. Bl. 19). Danach steht fest, daß die Post Nr. 7 in Höhe von 19 000 M. mit Valuta nicht belegt, also Eigentümergrundschuld geworden ist. Das Löschungsverlangen des R. ist daher an und für sich schlüssig.

Mit Recht wendet nun aber der Beklagte ein, daß R. unter den obwaltenden Umständen den Löschungsanspruch nicht anders als zum Zwecke seiner Befriedigung wegen eines gleich hohen Betrags der bei der Versteigerung ausgefallenen Forderung geltend machen dürfe. Ein Zurückbehaltungsrecht im Sinne des § 273 BGB. oder auf grund des synallagmatischen Verhältnisses zwischen Leistung und Gegenleistung (§ 320) wird damit nicht ausgeübt, vielmehr nur der Inhalt des vom Kläger verfolgten Forderungsrechts und seine rechtliche Tragweite näher bestimmt.

Es ist zwar richtig, daß R. vor der Versteigerung die Löschung hätte durchsetzen können, ohne daß sich dadurch der Betrag seiner hypothekarisch gesicherten Kapitalforderung verminderte. Richtig auch, daß alsdann das geringste Gebot um 19 000 M. niedriger zu stehen gekommen und der Kläger R. das Grundstück noch um 19 000 M. billiger hätte erstehen können, vorausgesetzt, daß auch bei dem um so viel niedriger bestimmten geringsten Gebote andere Kauflustige nicht sich am Bieten beteiligt hätten. Darauf kommt es aber nicht an. Denn das Ergebnis der Versteigerung — das als den objektiven Verhältnissen entsprechend gelten muß — steht unabänderlich fest. Es muß daher auch unerörtert bleiben, ob die herrschende Meinung, die die Eigentümerpost in das geringste Gebot stellt und der auch der Versteigerungsrichter gefolgt ist, den Vorzug verdient, oder ob der in Neumanns Jahrbuch des deutschen Rechtes (4, 781) vertretenen Ansicht zugestimmt werden soll, daß im vorliegenden Falle die löschungspflichtige Eigentümergrundschuld überhaupt nicht in das geringste Gebot gehörte. Sie ist einmal in dieses aufgenommen und daher nach den Versteigerungsbedingungen bestehen geblieben.

Wenn der Kläger jetzt nach Durchführung der Versteigerung und, nachdem seine eigenen durch das Löschungsrecht verstärkten Hypothekenrechte infolge des Zuschlags weggefallen sind, die Löschung der Eigentümergrundschuld fordert, so kann es ihm nicht mehr auf den Rang seiner eigenen Hypotheken und auf deren bessere Begebbarkeit ankommen, sondern allein noch auf seine Befriedigung. Hierauf beschränkt sich jetzt sein Interesse, darüber hinaus gibt ihm die Vereinbarung kein Recht und die Verurteilung des Beklagten ist daher dahin einzuschränken, daß sie zum Zwecke der Befriedigung des R. wegen eines gleich hohen Betrags seiner ausgefallenen persönlichen Forderung geschieht (RG. **63** 158).

Zu diesem Ergebnisse führt auch noch ein anderer Weg. Nimmt man mit RG. 57 212 an, daß die löschungspflichtige Eigentümergrundschuld wie ein auflösend bedingtes Recht zu behandeln ist, was freilich in der Literatur bestritten ist (vgl. Abraham in Holdheims MonSchr. **05** 181) und eine nur durch den Hinweis auf die frühere preußische Praxis zu rechtfertigende Ausdehnung des § 50 ZVG. voraussetzt [1]), so war R. in seiner Eigenschaft als Ersteher zu einer Ersatzzahlung von 19 000 M. bedingt verpflichtet. Dies für den Fall, daß er sein Löschungsrecht gegen den Subhastaten ausübt, und dadurch bewirkt, daß jene nach den Versteigerungsbedingungen bestehen bleibende Post ohne seine, des Erstehers Leistung, wegfällt. Diese Ersatzzahlung, die der Versteigerungsrichter nicht bedingt verteilt hat, weil er einer von der genannten Reichsgerichtsentscheidung abweichenden Meinung folgte, würde nun wieder dem R. als erstausfallenden Gläubiger zufallen und mithin seine persönliche Forderung gegen den Beklagten um 19 000 M. mindern. Dieses dem materiellen Rechte entsprechende Ergebnis kann dadurch nicht vereitelt werden, daß der Verteilungsplan auf die bedingte Ersatzzahlung nicht Rücksicht nimmt und daß der Plan von den Beteiligten nicht rechtzeitig durch Widerspruch angegriffen worden ist. Es bedeutet eine rechtlich ungerechtfertigte Vermögensverschiebung, wenn der Kläger jetzt sein Löschungsrecht ausübt, ohne zugleich die Folge eintreten zu lassen, die nach materiellem Rechte eintreten muß, nämlich sich in Höhe von 19 000 M. für befriedigt zu erklären. Tut er dies nicht, dann stellt sich der Erwerbspreis des Grundstücks für ihn um 19 000 M. niedriger, als er sich nach den Bedingungen des Zuschlagsbeschlusses zu stellen hat. Jene Ausgleichung folgt alsdann aus § 812 BGB.

Der Kläger L. hat allerdings mit der Teilpost von 3000 M. auch das Recht auf Löschung der Eigentümergrundschuld mit erworben Es ist ihm ausdrücklich abgetreten, so daß auch hier unerheblich bleibt, ob das Recht für die Person des R. oder für den jeweiligen Gläubiger der begünstigten Hypothekenposten begründet werden sollte. Des L. Hypothekenanspruch hat sich gleichfalls in einen Anspruch auf Zahlung aus dem Versteigerungserlös umgewandelt. L. ist aber wegen dieses an die Stelle der Hypothek getretenen Surrogatanspruchs bereits befriedigt. Er hat durch besondere Vereinbarung mit dem Ersteher bewilligt, daß seine infolge des Zuschlags erloschene und aus dem Erlöse bar zu zahlende Hypothek bestehen bleiben solle. Diese Vereinbarung wirkt nach ZVG. § 91, **wie die Befriedigung aus**

[1]) Die Ausdehnung folgt in Wahrheit aus § 48 ZVG. (oben S. 40).

dem Grundstücke. L. muß sich in jeder Beziehung so behandeln lassen, als ob er durch Barzahlung aus dem Versteigerungserlös befriedigt wäre. Mit dieser vollen Befriedigung ist aber auch das auf ihn übergegangene Recht auf Löschung der Eigentümerpost erledigt. Es diente nur zur Verstärkung der abgetretenen Teilpost und ist gegenstandslos geworden dadurch, daß dem Berechtigten volle Befriedigung gewährt worden ist. Obschon grundbuchmäßig die jetzt dem L. zustehende Hypothek von 3000 M. sich als Fortsetzung der schon vor der Versteigerung eingetragenen Post Nr. 5 darstellt, ist sie materiellrechtlich doch als eine nach der Versteigerung neu bestellte Hypothek zu behandeln. Mit dieser neuen Hypothek des L. hat aber das zugunsten der früheren Post Nr. 5 eingeräumte Löschungsrecht nichts gemein. Insbesondere hat L. Anspruch nur auf den Rang, den die bestehen gebliebene Post zur Zeit dieser nach der Versteigerung getroffenen Vereinbarung hatte, er hat kein Recht darauf, um den Betrag von 19 000 M. im Range vorzurücken. Seine Klage muß daher abgewiesen werden. Daß er gleichwohl diesem Maßstab entsprechend aufrücken wird, wenn auf die Klage des R. die Eigentümerpost gelöscht werden wird, ist eine durch die Umstände bedingte Rechtsfolge, die dem L. zustatten kommt, ohne daß ihm doch ein Recht auf deren Eintritt zustände. Sie wäre nicht eingetreten, wenn R., statt den Anspruch auf Löschung zu erheben, von dem Subhastaten die Abtretung der löschungspflichtigen Eigentümergrundschuld erlangt hätte.

Das Ergebnis des Prozesses stellt sich dahin, daß die Klage des L. ganz abgewiesen wird, während von den Anträgen des R. der erste ebenfalls erfolglos bleibt und der zweite nur mit einer erheblichen, von R. abgelehnten Einschränkung durchgreift. Daher schien es angemessen, gemäß ZPO. § 97 die Kosten des Rechtsstreits gegeneinander aufzuheben. Die gegen U. erlassene Kostenentscheidung bleibt jedoch unberührt.

II. Urteil[1]) des Kammergerichts (14. ZivS.) vom 14. Oktober 1909, 14 U 5355/09.

Löschungsvormerkung, Abtretung des Löschungsanspruchs, Rangänderung der durch ihn verstärkten Hypothek, Pfändung der löschungspflichtigen Eigentümerpost durch den Löschungsberechtigten.

Wegen des Tatbestandes mag auf die oben (S. 23) gegebene Sachdarstellung verwiesen werden. Klägerin war die Steinlieferantin, Gläubigerin der Post Nr. 3. Beklagte waren der Baustellenverkäufer Sch., der sich „als Gläubiger der Post Nr. 2" bedungen hatte, daß der Eigentümer verpflichtet sei, den nicht zur Entstehung gelangenden Teil der Hypothek Nr. 1 zur Löschung zu bringen, und sein Zessionar C. Sch. hatte nämlich den unvalutiert gebliebenen Teil von Nr. 1 wegen seiner Post Nr. 2 und einer anderen Forderung von 5000 M. pfänden und sich an Zahlungsstatt überweisen lassen. Demnächst hatte Sch. die so auf ihn übergegangene Eigentümerpost zu einem Teilbetrage von 17 000 M. mit dem Range vor dem Reste an C. abgetreten. Bei der Abtretung an C. bestand die Vormerkung des Löschungsanspruchs nicht mehr zu Recht, denn der Grundbuchrichter hatte sie bei Eintragung der Pfändung und Überweisung von Amts wegen gelöscht. Auf die Eigentümerpost aus Nr. 1 waren rund 17 000 M. zugeteilt, die der Teilungsplan dem Zessionar des Sch., also dem Zweitbeklagten C., zuwies. Die Klägerin beanspruchte die 17 000 M. für ihre Post Nr. 3, der Sch. mit seiner Post Nr. 2 den Vorrang eingeräumt hatte. Die Klage wurde jedoch abgewiesen.

---

[1]) Die Revision ist am 25. Juni 1910 (V. 626/09) zurückgewiesen worden. Das Reichsgerichtsurteil bezieht sich jedoch nicht auf die das Löschungsrecht betreffenden Ausführungen des Berufungsurteils, sondern lediglich auf die weiteren Klagegründe, die in den hier nicht mit abgedruckten Teilen des Berufungsurteils erörtert werden.

Gründe.

(Zunächst wird dargelegt, daß die Klage gegen Sch. unbegründet sei, weil er erst hinter C. liquidiert habe und deshalb für seine Person an der Streitmasse von 17 000 M. nicht beteiligt sei. Ein in zweiter Instanz erhobener Schadenersatzanspruch gegen Sch. wird wegen unzulässiger Klageänderung abgewiesen.)

Aber auch die Klage gegen C. unterliegt der Abweisung. Die vertragsmäßige Verpflichtung des Eigentümers, eine Hypothek löschen zu lassen, soweit sie sich mit dem Eigentum vereinigt, tritt, auch wenn für sie eine Vormerkung gemäß § 1179 BGB. eingetragen wird, nicht aus dem Gebiete des Schuldrechts heraus. Die Vormerkung gibt kein dingliches Recht, sondern hat nur die Wirkung, daß spätere Verfügungen über die Eigentümergrundschuld dem Vorgemerkten gegenüber insoweit unwirksam sind, als sie dessen persönlichen Anspruch auf Löschung beeinträchtigen. Es wird durch sie nicht die Entstehung der Eigentümergrundschuld gehindert und der Eigentümer nicht in der Verfügung über diese Eigentümergrundschuld beschränkt, zumal wenn der Vorgemerkte zustimmt. Daraus ergibt sich, daß der Vorgemerkte die Eigentümergrundschuld im Wege der Pfändung und Überweisung auch zum Gegenstand seines eigenen Zugriffs machen kann, da hierin seine Zustimmung zu der Verfügung über die Grundschuld enthalten ist.

Als obligatorisches Recht ist der Anspruch auf Löschung auch nach den Grundsätzen des Rechtes der Schuldverhältnisse abtretbar, aber wenn er, wie vorliegend, dem Vorgemerkten als Gläubiger einer nacheingetragenen Post zusteht, gemäß § 399 BGB. nur mit dieser Post zusammen. Dagegen kann nicht anerkannt werden, daß der Löschungsanspruch gewissermaßen ein Bestandteil des der berechtigten Post zustehenden Ranges sei und daß er, wenn mit dieser Post einer anderen der Vorrang eingeräumt wird, mit dieser Vorrangseinräumung auf die vortretende Post übergehe. Wenn auch der Löschungsanspruch in erster Reihe eine Verbesserung der Rangstellung bezweckt und die Rangabtretung einen dinglichen Platzwechsel herbeiführt, so folgt daraus doch nicht, daß mit der Rangabtretung notwendig hinsichtlich des persönlichen Löschungsanspruchs ebenso, wie bei einer Abtretung der Hypothekenforderung selbst ein Gläubigerwechsel eintreten muß. Der mit seiner Post Zurücktretende hat wegen dieser durch die Vorrechtseinräumung in ihrer Sicherheit geminderten Forderung nach der Rangabtretung sogar noch ein höheres Interesse an der Erfüllung der Löschungsverpflichtung, weil durch die Löschung alle nachstehenden Hypotheken vorrücken. Daher kann man auch bei ihm, einen Willen, das Recht aus der Löschungsvormerkung hinfort nicht mehr selbst zu haben, sondern auf den Vortretenden zu übertragen, keineswegs als selbstverständlich voraussetzen.

Die Meinung der Klägerin, daß durch die Vorrangseinräumung das Recht aus der Löschungsvormerkung von Sch. auf sie übergegangen sei und daß demgemäß die nachher zugunsten des Sch. bewirkte Pfändung der Eigentümergrundschuld nach § 883 Absatz 2 BGB. ihr gegenüber unwirksam sei, ist hiernach unhaltbar. Aber auch, wenn die Pfändung ihr gegenüber aus irgend einem Grunde unwirksam wäre, würde dies der Klägerin dem Beklagten C. gegenüber als redlichem Erwerber eines Teiles der Eigentümergrundschuld nichts helfen (§ 892 BGB.). Wenn demgegenüber der Vorderrichter ausführt, daß gegen die Rechte aus einer Vormerkung auch der gute Glaube nicht schütze, so übersieht er, daß zu der Zeit, zu welcher C. den Teil der Grundschuld erwarb, die Löschungsvormerkung nicht mehr eingetragen war[1]. . . (Folgen die weiteren Klagegründe.)

[1]) Die Erwägung des Vorderrichters war auch rechtlich verfehlt. Selbst wenn der Grundbuchrichter das Versehen, die Vormerkung von Amts wegen zu löschen, nicht begangen hätte, diese also bei der Abtretung des Teiles der Eigentümerpost an C. noch eingetragen war, hätte C. unanfechtbar erworben. Wie im Urteil ausgeführt, konnte mit Zustimmung des Löschungsberechtigten über die Eigentümerpost wirksam verfügt werden. In der Zession an C., die Sch. vornahm liegt doch auch seine Zustimmung zu dieser Zession. Es kam aber nicht einmal mehr auf diese an. Denn durch die Überweisung an Sch. war bereits die Eigentümergrundschuld in eine gewöhnliche Gläubigergrundschuld übergegangen, der Löschungsanspruch also damit erledigt. Insofern lag der Handlung des Grundbuchrichters ein richtiger Gedanke zugrunde. Gefehlt hat er nur insofern, als er nicht ohne Antrag zur Löschung der Löschungsvormerkung schreiten durfte (§ 13 GBO.).

III. Urteil des Kammergerichts (10. ZivS.) v. 29. Oktober 1910, 10 U 4959/10.

Löschungsanspruch im Verteilungsverfahren.

Die Klägerin verlangt Zuteilung des auf die Post Nr. 6 entfallenden Versteigerungserlöses auf die ihr zustehende Hypothek Nr. 9, weil sie nach Streichung der Eigentümergrundschuld zur Hebung kommen müsse. Sie selbst hat kein Löschungsrecht; ein solches stand nur der J.-Bank wegen der Hypothek Nr. 7 zu. Der Klageanspruch wurde, wie folgt, begründet:

Nachdem im vorliegenden Falle die Vormerkungsgläubigerin ihren Löschungsanspruch im Verteilungstermine erhoben habe, wirke diese Tatsache auch für die Klägerin. Denn nach begründeter Erhebung jenes Anspruches habe der Vollstreckungsrichter den Teilungsplan so aufstellen müssen, als ob die Löschung bereits erfolgt wäre.

Die Beklagten haben dagegen ausgeführt, daß die Klägerin aus der zugunsten der Bank eingetragenen Löschungsvormerkung Rechte für sich nicht herleiten könne.

Entscheidungsgründe.

Die Löschungsvormerkung aus § 1179 BGB. ist zur Sicherung des persönlichen Anspruches des Berechtigten auf Löschung einer Hypothek bestimmt. Die Vormerkung verleiht diesem Anspruch Wirksamkeit gegenüber Dritten dergestalt, daß eine Verfügung über die Hypothek, welche den persönlichen Anspruch vereiteln oder beeinträchtigen würde, gegenüber dem Berechtigten unwirksam ist. Nur derjenige, zu dessen gunsten die Löschungsvormerkung eingetragen ist, kann daher das Recht auf Löschung geltend machen. Erfolgt auf grund dessen tatsächlich die Löschung der Hypothek, so hat dieser Umstand allerdings zur Folge, daß *sämtliche* Hypotheken — nicht bloß diejenige des löschungsberechtigten Gläubigers — aufrücken und daß die nacheingetragenen Hypotheken so einen tatsächlichen Vorteil erlangen, ohne daß sie jedoch einen rechtlichen Anspruch darauf gehabt hätten. Anders, wenn vor erfolgter Löschung die Zwangsversteigerung des Grundstücks stattfindet, und infolge des Zuschlags alle nicht in den Versteigerungsbedingungen vorbehaltenen Hypotheken kraft Gesetzes erlöschen. Hier tritt an die Stelle der Hypotheken der Anspruch auf Ersatz des Wertes aus dem Versteigerungserlöse. Das hat zur Folge, daß der Löschungsberechtigte nicht mehr seinen Anspruch auf Löschung geltend zu machen vermag, daß er jedoch zur Verwirklichung seines durch die Löschungsvormerkung zu wahrenden Interesses Befriedigung aus dem Versteigerungserlöse für seine nacheingetragene Hypothek so verlangen kann, als wenn die von der Löschungsvormerkung betroffene voreingetragene Hypothek nicht mehr bestände. Über diese Befriedigung des Löschungsberechtigten selbst hinaus wirkt dagegen die Löschungsvormerkung im Verteilungsverfahren nicht. Soweit daher der auf die voreingetragene Hypothek entfallende Versteigerungserlös zur Befriedigung des Löschungsberechtigten wegen seiner Hypothek nicht erforderlich ist, verbleibt der überschüssige Erlös dem Eigentümer auf seine Eigentümerhypothek (vgl. RG. 63, 153, 57, 214). Im vorliegenden Falle konnte hiernach nur die J.-Bank wegen ihrer Post Nr. 7 von 9000 M. auf grund der „für die Gläubiger der Hypothek Nr. 7“ eingetragenen Löschungsvormerkung Befriedigung aus dem auf die Post Nr. 6 entfallenden Versteigerungserlös beanspruchen, nicht aber die Klägerin wegen ihrer nacheingetragenen Hypothek Nr. 9.

Druck von A. W. Hayn's Erben (Curt Gerber), Potsdam.

Kolibri 360 GmbH
Ferdinand-Jühlke-Straße 7
99095 Erfurt, Deutschland
produktsicherheit@kolibri360.de